ひろさちやのいきいき人生1

釈迦にまなぶ

ひろさちや【著】

春秋社

まえがき

釈迦世尊が八十歳になられたとき、侍者の阿難（アーナンダ）にこう語っておられます。

《阿難よ、いまやわたしは老い衰え、人生の旅路の果てに到達し、老齢になった。わが齢《よわい》は八十である。古ぼけた車が修繕を加えながらようやく動いているように、わたしのからだも修繕をしながらやっと動いているのだ》（『マハーパリニッバーナ・スッタンタ』二）

ちょっと痛々しい言葉です。そして世尊は、そう語られたあとしばらくして入滅されました。享年八十。

じつは、わたしも八十になりました。つくづく、〈釈迦世尊と同じ歳まで生かしてもらえたなあ……〉と感慨にふけっています。

わたしが本格的に仏教の勉強を始めたのは三十五歳のころ。ちょうど釈迦世尊が、ブッダガヤーの菩提樹の下で悟りを開かれた年齢です。それから八十歳になる現在まで、わたしは数多くの仏教書を書いてきました。ところが、釈迦と同じ八十歳になって、

——わたしたちは仏教者として、人生をどのように生きればよいのだろうか？——

といった疑問が、わたしの脳裡に出没するようになりました。

もちろん、これまでわたしが仏教的生き方を考えなかったわけではありません。そのような本も数多く執筆しました。しかしこれまでは、仏教の教理のほうからアプローチして、仏教の教えをどのように生活に活かすか、むしろ応用問題的に仏教の生き方を考えてきました。つまり、仏道修行の一環として、仏教的生き方を考えてきたわけです。

だが、八十になったいま、わたしの問題意識は、少し変わりました。わたしは、人生の生き方、人間らしく生きるにはどうすればよいか、といった問題のほうから、仏教を学ぶことを考えるようになったのです。つまり、仏教からする人生論ではなしに、人生論からする仏教を考えたいと思うようになりました。仏道修行の上での人生論ではなしに、人生をどう生きればよいかを仏教的に考えようとしたのです。こういう表現では読者にピンとこないかもしれませんが、これまでのわたしが書いた本とは、一味違った本にしたいと思っています。それがどの程度に成功したか／あるいは失敗したか、読んでいただいた読者に判定を委ねるよりほかありません。

＊

本書で取り上げたのは、釈迦が教えた基本原理です。普通、それは「四諦《したい》」（四つの真理）と呼ばれています。そしてそれは、どうすれば苦しみをなくすことができるかを教えたものと解されています。だが、そのような解釈は、とんでもない曲解です。わたしたちは苦をなくそうとすればするほど、ますます苦しくなります。読者もそのことは、日常生活における体験から、よく分かっておられるでしょう。

釈迦の教えは、そうではありません。

釈迦が本当にわたしたちに教えたかったことは、

——苦しまなければならないときには、しっかりと苦しみなさい——

でありました。

では、しっかりと苦しむためにはどうすればよいか？　そういう角度から、われわれは「四諦」を理解すべきです。そして、それが本書においてわたしが解くべき問題です。普通の仏教書とはまるで反対の論述になっていますが、わたしはこれが真に釈迦の教えたかったことだと信じています。

ひろさちやのいきいき人生1　釈迦にまなぶ　目次

まえがき　1

I　苦を「苦」にするな！

1　問題の解決……15
▼葬式仏教に堕落した日本の仏教／▼漱石の考え方／▼釈迦のすすめる方法／▼問題を完全に解決できない／▼あきらめよ！／▼人生の問題・生活の問題

2　もっと苦しめ！……31
▼苦しむことが供養になる／▼「もうしばらく引き籠もりを続けなさい」／▼「南無そのまんま・そのまんま」／▼「そのまんま」と「このまんま」／▼愚かで弱い人間

3　四苦八苦……47
▼さらりと憎む／▼「生苦」と「死苦」／▼老いる苦しみ／▼病むこと

の苦しみ／▼さらに四つの「苦」／▼思うがままにならないこと

4　「四諦」の正しい解釈……65
▼「四諦」のまちがった解釈／▼「苦」にするな！／▼原因は分からない／▼八万四千の因縁／▼二種類の欲望／▼欲望を敵視しない／▼「苦」を実体視しない

5　「苦」の原因の滅……83
▼「苦」と友だちになる／▼逆は必ずしも真ならず／▼第二の矢を受けるな！／▼散った花は枝に戻らない

6　釈迦が教える生き方……97
▼苦しみのまま生きればよい／▼「正」よりも「明」／▼八つの正しい道／▼大乗仏教と小乗仏教の考え方の違い／▼「中道」の生き方

Ⅱ　いい加減に生きよう

7　六波羅蜜――菩薩の実践 …… 119

▼大乗仏教徒としての生き方／▼彼岸の智慧／▼布施とは何か？／▼破るためにある「戒」／▼忍辱・精進・禅定／▼人間を差別する「分別智」／▼差別せずに尊ぶ「無分別智」／▼六波羅蜜の実践によって得られる般若

8　布施――ちょっと損をする …… 143

▼四摂法――日常生活における実践／▼小乗仏教の布施に対する考え方／▼三輪清浄の布施／▼布施とは不貪なり／▼むさぼるな！　へつらうな！／▼日常の布施

9　愛語と笑顔の実践 …… 159

▼愛語の実践／▼母が息子に贈った愛語／▼「がんばれ」は残酷な言葉／▼相手を肯定する言葉が愛語／▼「和顔愛語」／▼笑顔の布施／▼簡

単でむずかしい仏道修行

10 自利と利他……175
▼日本もアメリカも激烈なる競争社会／▼競争原理に毒された日本人／▼「利行は一法なり」／▼日本社会の現実／▼半分こするのは布施の考え／▼所有権の放棄

11 星に向かって歩む……189
▼わたしも他人も同じ人間／▼「人を裁くな！」／▼温和に人に接す／▼われわれは仏になれない／▼「一歩前進・二歩後退」

12 われら仏の子……201
▼仏に甘える／▼宮沢賢治と堀口大学／▼仏と一緒に生きる

ひろさちやのいきいき人生１　釈迦にまなぶ

I　苦を「苦」にするな！

1

問題の解決

▼葬式仏教に堕落した日本の仏教

ある母親が、

「うちの子どもが学校でいじめられています。どうしたらよいでしょうか？」

と、菩提寺《ぼだいじ》の和尚さんに相談しました。すると和尚は、

「わしはナマモノは扱わんのじゃ。死体になったら持っておいで」

と応じたそうです。よく知られた笑い話です。

日本の仏教は、現在においては、完全に、

――葬式仏教――

と呼ばれるものになっています。誰かが言っていましたが、
「最近のお坊さんは、死んだ人ばかりにやさしい」
と。生きている人に教えを説くことはせず、ただ死者の葬式ばかりをやっています。いや、葬式はまだしも、一周忌だとか三回忌、七回忌、十三回忌、そして揚げ句の果ては三十三回忌、五十回忌と、まったく要らざるお節介ばかりをやいています。そういう日本仏教の現状をからかったジョークがこれなんです。

でも、死者を鄭重《ていちょう》に葬ることは大事な仕事だ。そのように主張されるお坊さんが大勢おられます。なるほど、死者は鄭重に葬ってあげるべきでしょう。けれども、それは葬儀社の人によってもできる仕事です。そして実際に葬儀社の人が死体の処理をやってくれています。お坊さんは、死体に触ることすらしません。

しかし、われわれは魂の問題に関与しているのだ。そう主張される僧侶もおられるでしょう。その点に関しては、阿弥陀仏《あみだぶつ》の救済を信じているわたしはこう考えています。すなわち、わたしが死んだその瞬間、わたしは阿弥陀仏の仏国土である極楽世界に往生させてもらって、阿弥陀仏の弟子となるのだ、と。それは、阿弥陀仏のお力によって往生させてもらえるのであって、遺族が鄭重な葬儀をやってくれるからではありません。わたしの死体を遺族が蹴飛ばそうが、どうしようが、わたしは死んだ瞬間に極楽世界に生まれ

ていますから、なにも関係ありません。戒名なんて不要。お経の読誦も不要。わたしは極楽世界において、阿弥陀仏から直接教えを受けています。それがわたしの信念です。そして、僧侶の方がやるべき仕事は、

「死者は、いま、極楽浄土（あるいは密厳《みつごん》浄土、霊山《りょうぜん》浄土）においでになるのだから、そしてその浄土において直接阿弥陀仏（あるいは大日如来、釈迦牟尼《しゃかむに》仏）の説法を聴聞しておられるのだから、あなたがた遺族は何もしないでいいのだよ。すべてを仏におまかせすればいいんだよ」

と教えてあげることです。わたしはそのように考えています。

ともかく、「死体になったら持っておいで」と言うお坊さんは、とんでもない売僧《まいす》です。商売をする僧です。人々をだます僧です。ちょっときつい言葉でしょうが、わたしははっきりと言っておきます。

▼漱石の考え方

でも、「葬式仏教」の問題はこれぐらいにしておきます。この問題は、いずれ別の本で扱う予定でいます。

われわれがこの本で取り組まねばならぬ問題は、わが子が「いじめ」にあっている、そ

れをどうしてやればいいのかといった問題です。あるいは、

――嫁と姑が仲が悪い。どうすればいいのか？――

――夫が浮気をした。あるいは妻が不倫をはたらいた。どうすればいいか？――

――がんになった。どうすればいいか？――

――会社を首になった。どうすればいいか？――

といった問題です。つまりナマモノの問題です。「わしはナマモノは扱わんのじゃ」と言って逃げてはいけません。仏教者は、それにどう答えればよいでしょうか？


さて、わたしたちは、日常生活においてさまざまな問題にぶつかります。そして、その問題を解決しようとします。

ところで、夏目漱石（一八六七―一九一六）は『吾輩は猫である』の中で、次のように言っています。これは、隣近所からいろいろ迷惑を受けている苦沙弥《くしゃみ》先生に対するアドバイスです。

《……西洋人のやり方は積極的積極的と云《い》つて近頃大分《だいぶ》流行《はや》るが、あれは大《だい》なる欠点を持つて居るよ。第一積極的と云つたつて際限がない話しだ。いつ迄積極的にやり通したつて、満足と云ふ域とか完全と云ふ境《さかい》にいけるものぢやない。向《むこう》に檜《ひのき》があるだらう。あれが目障りになるから取り払ふ。と其向ふの下宿屋が又邪魔になる。下宿屋を退去させると、其次

の家が癪《しゃく》に触る。どこ迄行つても際限のない話しさ。西洋人の遣《や》り口はみんな是さ》

ここで漱石は「西洋人の遣り口」と言っていますが、これは現代日本人のやり方なんです。問題があるからといって、対象を変えようとします。人間関係のトラブルにおいても、わたしたち現代日本人は、相手を変えようとします。対象を変え・相手を変えることが問題解決だと思っているのです。

しかし、漱石の時代の明治の日本人はそうではなかった。明治の日本人のやり方について、漱石はこう続けています。

《……日本の文明は自分以外の状態を変化させて満足を求めるのぢやない。西洋と大《おお》いに違ふ所は、根本的に周囲の境遇は動かすべからざるものと云ふ一大仮定の下《もと》に発達して居るのだ。親子の関係が面白くないと云つて欧洲人の様に此関係を改良して落ち付きをとらうとするのではない。親子の関係は在来の儘《まま》で到底動かす事が出来んものとして、其関係の下《もと》に安心を求むる手段を講ずるにある。夫婦君臣の間柄も其通り、武士町人の区別も其通り、自然其物を観るのも其通り》

わたしはここで、大正の初めに生まれた人から聞いた話を思い出します。彼の父は、当然に明治生まれです。

彼は幼時、鎌倉に住んでいました。海岸にある邸宅で、二階建ての家から見晴らしのいい海岸が見えました。

ところが、彼の目の前の家が二階建てに改築され、それで海岸が見えなくなったのです。ある日、彼は父親に言いました。

「お父さん、あんな家、焼けてしまえばいいのに……」

すると父親は彼を打ん殴《ぶ》って叱りました。

「おまえは、他人様《ひとさま》が喜んで建てられた家を、『焼けてしまえばいい』と言う。それは人でなしの言うことだ。けしからんことだ」

これが明治の日本人です。しかし、平成の日本人は、子どもを叱る前に、その向かいの家を相手取って、〈見晴らし権〉が奪われたと訴訟を起こしているのではないでしょうか。つまり、相手を痛めつけることによって問題を解決しようとします。明治は遠くなりにけり、ですね。そう思われませんか。

▼釈迦のすすめる方法

この漱石の意見を支持するかのごとく、仏教の開祖の釈迦が次のように言っておられます。わたしはこの話を拙著の『仏教とっておきの話・冬の巻』（新潮社）で紹介したのですが、それを次に引用します。

＊

釈迦はあるとき、弟子たちにこんなふうに質問を出された――。

「世の中の道は、石や木切れが落ちていて、歩くのに危険である。どうすればよいか……?」

弟子たちはしばらく、互いに相談していた。そして、一人が皆を代表するかたちで答えた。

「人間の歩く道を全部、鹿の皮で覆《おお》うとよいと思います」

たしかに、そうすれば楽に道を歩ける。それも一案だ。

しかし、釈迦は言われた。

「考えてごらんよ。世の中の道を全部鹿の皮で覆うことは、まずは不可能である。それよりは、人間の足を鹿の皮で被《おお》ったほうがよい。そのほうが実現性がある」

なるほど、その通り。いくら人間の数が多いとしても、人間の足を鹿皮で包んだほうが皮は少なくてすむ。そして実際、わたしたちはそうしているのだ。鹿皮で足を被う――というのは、ほかならぬわたしたちの履いている靴である。

ところで、おわかりだと思うが、釈迦はなにも道路の舗装や靴の話をしておられるのではない。そうではなくて、仏教の考え方を教えておられるのである。

わたしたちの生きているこの世の中は、危険がいっぱいあってとても生きにくい。だから、この世の中を住み易い理想の社会に改善せねばならない。そういう主張がある。それはそれで立派な主張である。

けれども、理想の社会の建設は簡単ではない。それは、道という道に全部鹿の皮を敷きつめるようなものだ。ややもすれば、理想論は掛け声だけに終わりかねない。

それよりは、自分の足を鹿の皮で包めばよい。それなら、いますぐ簡単にできる。

わたしたちは、仏教の見方を身につけて、住みにくい世の中を住み易くすべきである。たとえば、他人から迷惑を受けたとき、他人を変えよう、世の中のあり方を変えようとしてもうまく行かない。自分のほうが靴を履いて——他人を許し、他人の迷惑を耐え忍んで——道を歩けばよい。釈迦はそう言っておられるのである。

＊

漱石が「西洋人の遣り口」と言っているのが、釈迦が言う「舗装道路」のやり方です。もっとも、このやり方は、現代日本人のやり方でもありますが……。この舗装道路のやり方に対して、釈迦は「自分の足を鹿の皮で包む」やり方、つまり靴を履くやり方をすすめておられます。漱石が言う、「周囲の境遇は動かすべからざるもの」としておいて、「安心を求むる手段を講ずる」やり方です。これが仏教のすすめるやり方なんですよね。

▼問題を完全に解決できない

考察をここまで進めてきて、わたしたちは重要なことに気がつきます。それは、周囲や対象、相手を変えようとせず、自分を変えることによって問題を解決しようとする態度は、ひょっとしたら、

――弱者の泣き寝入り――

を強要することにならないか、といった危惧を抱かされるからです。

古来、仏教は、権力に対してあまりにも卑屈でありすぎました。仏教は、「長い物には巻かれよ」と、強い相手に対しては逆らうことなく従っておいたほうがよいと、弱者の隠忍自重を説いてきました。つまり権力の番犬になっていたのです。だから、嫁と姑の対立にしても、酒乱の夫が振るう家庭内暴力に対しても、もしもお坊さんが、

「堪《こら》えて、堪えて。ここはじっと我慢をしなさい。あんたが変われば、相手も変わるのだから」

といったアドバイスしかできないのであれば、お坊さんは強者に荷担して弱い者いじめをしていることになります。それなら弱者は、お坊さんを敵視してよいと思います。そんな仏教でしかないのであれば、わたしは、仏教なんて不要だと思います。お坊さんは葬祭

業者の社員になって、葬儀に専念してください。そんなふうに言いたくなりますよね。

では、わたしたちはどうすればよいのでしょうか……?

こう考えるとよいと思います。

まず、わたしたちはさまざまな問題に悩み、それを解決したいと思います。けれども、じつは、あらゆる悩み・問題は解決できないのです。そのことを最初に明らかにしなければなりません。

たとえば、あなたが病気になります。当然、あなたはその病気を治したいと思うでしょう。病気という悩み・問題を克服し、解決したいと思うのです。

けれども、病気は完全には治りません。

もっとも、細菌やウイルスによる病気は、ある程度は治ります。そのとき、〝完治〟といった言葉が使われますが、しかし確実に体力がダウンしていますから、完全に治ったわけではありません。老化現象というものは不可逆変化（一度変化したものが、再び元の状態に逆戻りしないこと）であって、完全に若さを取り戻すことなんてできないのです。

だから、その老化による病気は、完全に治すことなんてできません。たとえばがんがそうです。がんというのは、外からわれわれの体内に侵入してくるものではなく、わたしたち自身の細胞が変化してがん細胞になるのです。若い人が罹るがんもありますが、たいていのがんは一種の老化現象です。だからこれを完全に治すことはできないのです。いえ、百歩譲って、病気を完全に治せたとしましょう。問題を解決できたとするのです。けれども、わたしたちは再び病気になります。そうすると、また悩まねばなりません。したがって、病気という悩み・問題は、完全にこれを克服・解決することができないのです。

▼あきらめよ！

では、どうすればよいか？　答えは簡単です。あなたは問題を完全な意味で解決することを、

——あきらめなさい——

になります。それが仏教的な結論になります。

ただし、〝あきらめ〟を「思いきること」「断念すること」と思ってはいけません。ここでの「あきらめ」は、「明らかにすること」「明らめ」です。あらゆる問題を完全に解決することなんてできないということを、明らかにし、はっきりさせるのです。

たとえば、嫁と姑の対立を完全になくすなんてことはできません。夫婦が一心同体になるなんて、絶対にあり得ないことです。親子のあいだだって対立はあります。ましてや会

社における人間関係、近隣の人間関係は、基本的には対立の上に成り立っています。それを、「みんな仲良く」と説くなんて、欺瞞もはなはだしいと思います。人間関係には悩み・対立・トラブルがあり、それをわれわれは完全に解決・解消できないのです。そのことを、まず最初にしっかりと明らめなさい——というのが、仏教の教えです。

で、明らめてどうなるのだ……⁉ きっと、そういう問いが出されるでしょう。

でも、ここで結論を急がないでください。悩みを完全に解決できないのだし、相手を変えることもできない。そうであれば、あなたが変わるよりほかないでしょう。あなたがじっと我慢すればいいのよ……。そんな結論になるのであれば、それは弱者の泣き寝入りによる「諦め」(断念)になります。そのとき、仏教は強者に荷担していることになる。権力側の番犬になっているのです。「明らめなさい」ということから、そういう「諦め」に導かないでください。

では、どうしますか? 明らめた結果、わたしたちは次にどうすればよいのでしょうか……?

じつは、そこのところを突き詰めて考えてみようというのが、本書の狙いです。これまでの仏教者は、この「明らめよ!」というところから、短兵急に弱者の泣き寝入りを説き、隠忍自重を説いてきました。その結果、仏教が権力側の番犬になってしまった。そのために人々は仏教に生き方を学ぼうとせず、仏教をたんに先祖供養の葬式仏教にしてしまったのです。これは、仏教にとっても、日本人にとっても、とても不幸なことです。

そこでわたしは、本書において、仏教をどう生きればよいかを考えてみたいのです。われわれは人生の悩みや諸問題を、究極的に、完全に解決することはできません。そのことを明らめた上で、ではわたしたちはどのように生きればよいかを考えたいのです。そのことを以下の章でじっくり考えることにしましょう。いまはまだ序論の段階です。だからあまり性急な結論に飛びつかないでください。

▼人生の問題・生活の問題

それから、ここで言っておきたいことがもう一つあります。

それは、われわれは問題を全面的・究極的には解決できないにしても、それを、

――改善――

することはできるのではないか。だから、問題を改善するように努力すべきだ。そういう意見があります。なるほど、病気は完全には治りません。嫁と姑が完全に仲良くなれるなんてことはない。でも、病気を少しでも良くすることはできるし、嫁と姑はほんの少しは仲良くできるのではないか。そして、その方向に向かって努力すべきだ。そういう意見

が出されるのはもっともなことです。

けれども、そこで言われているのは、

——生活の問題——

なんです。わたしたちの生活は、たしかに改善することができます。平安時代の紫式部や清少納言は、冬の京都の底冷えの寒さに震えていました。それをわたしたちは冷暖房完備の快適な生活をしています。生活そのものは改善されました。

でも、だからといって、わたしたちの人生が良くなったかといえば、わたしはそれに「イエス」とは答えたくありません。むしろわたしたちはいま、より多くの悩みに悩み、より多くの苦しみを苦しんでいるのではありませんか。わたしはそう思います。

そして、仏教が問うているのは、わたしたちの、

——人生の問題——

です。この「人生の問題」は、「生活の問題」とはまったく違った、異質の問題です。「生活の問題」は、わたしたちの努力によって改善することができますが、「人生の問題」は、わたしたちの努力によって改善できるものではありません。

たとえば、わたしたちの誰もが、いずれは死ななければなりません。それが「人生の問題」です。それには改善策もなければ、解決策もありません。根本的・基本的には解決な

んてできないのです。

わたしたちが老いねばならぬということも、われわれの「人生の問題」です。同様に、われわれが病まねばならぬということも、また「人生の問題」です。また、われわれが人間関係に悩まねばならぬということも、やはり「人生の問題」です。

それには、改善策もなく、解決策もありません。

そして、仏教がそれに応えなければならないのは、この「人生の問題」なんです。だから仏教はわれわれに「明らめなさい」と説いているのです。問題を改善しなさいなんて説いているのではありません。

では、明らめたあと、どうするか……? それを、以下でじっくり考えてみましょう。

2

もっと苦しめ！

▼苦しむことが供養になる

娘が妻子ある男性と付き合っていました。親が娘に忠告しました。すると娘は自殺してしまった。で、わたしたちは苦しくてならない。

「先生、どうすればいいのでしょうか？　どうしたら、この苦しみから逃れることができるでしょうか？」

仏教講演会のあと、講師控室に両親がやって来て、わたしに助言を求めました。

どうも、この手の相談には困らされますね。だって、すでに述べたように、あらゆる人生の問題には完全な解決策なんてないのですよ。だから、どうすればよいかと答えることはできません。

それに、勝手にわたしのところにやって来て助言を求めておいて、そのことをわたしがどこかで文章にしようものなら、「プライバシーが侵害された」とわめく人がいます。わたしは弁護士でもないし、医師でもありません。あるいは金をとって相談に乗るのであれば、職業上の守秘義務があるかもしれません。先方のほうから勝手に押し掛けて来て、無料で助言を求めるのであれば、プライバシーを云々《うんぬん》することはおかしいですね。それなら相談に来ないでください。

まあ、そのときは、助言がほしいという両親の求めに応ずることにしました。わたしはこう言いました。

「あなたがたの娘さんは、苦しんで、苦しんで、苦しんだあげくに自殺されたのでしょう。にもかかわらずあなたがたは、

〈自分たちは苦しみたくない〉

と思っておられる。少なくとも苦しみを軽減したいと思っておられる。ちょっと厚かましいではありませんか。

あなたがたは、娘さんが苦しんだ分だけ、しっかりと苦しみなさい。あなたがたの苦しみが娘さんに対する供養になりますよ。だから、もっともっと苦しみなさい」

二人は、しばらくは無言でおられました。最初は、明らかに腹を立てておられる様子でした。しかし、しばらくして、二人は、

「分かりました」

と異口同音に言われました。そして静かに講師控室を出て行かれました。

「もっと苦しみなさい」というのは、たしかに残酷な言葉です。しかし、いくらそれが残酷な言葉だとしても、その両親は苦しむよりほかないのです。ならば、

——わたしは苦しむよりほかないと明らめて、その上でしっかりと苦しむか——

——わたしは苦しみたくない、苦しみたくない、ああ、いやだ、いやだ、と思いながら苦しむか——

どちらがよいでしょうか。わたしは、明らめて苦しんだほうがいいと思います。だが、たいていの人は、〈苦しみたくない。苦しむのはいやだ、いやだ〉と思いつつ苦しんでいます。そんな人に向かって、仏教は、

——もっと苦しめ！——

と教えています。わたしはそのような仏教の教えを助言したのです。

▼「もうしばらく引き籠もりを続けなさい」

別のとき、引き籠もりの青年から助言を求められました。

彼は中学生のときから不登校になり、高校もろくすっぽ登校できず、大学もいちおう検定試験を受けて入学したのですが、それも登校できなかった。そして二十八歳になる現在も、ずっと引き籠もりでいるというのです。

「先生、ぼくはどうしたらいいんでしょうか……?」

彼は泣かんばかりにわたしに訴えます。

「きみね、せっかく引き籠もりになったんだろう。それなら、もうしばらく引き籠もりを続けてみたら……」

わたしのその助言に、彼はにっこりと笑いました。思いもかけない返答だったからです。あの笑顔は素敵でした。

だが、わたしは、何も奇を衒《てら》ってそんな返答をしたのではありません。引き籠もりの問題は、それを完全に解決する術《すべ》はありません。なぜなら、彼はさまざまな因縁によって引き籠もりになったのです。そのさまざまな因縁が変化すれば、ひょっとすれば引き籠もりをやめることができるでしょう。けれども、そのときが来るまでは、彼は引き籠もりを続けるよりほかないのです。「もうしばらく引き籠り続けてみたら……」と言いましたが、それは言葉の綾《あや》で、引き籠もりの人は引き籠もりを続けるよりほかないのです。病気の人は、それが治るまで、病気を続けるよりほかありません。引き籠もりを次の瞬間にやめて、普通の人として生きよう……なんて考えてはいけません。もうしばらくは続けざるを得ないのです。

したがって、彼は、もうしばらくは引き籠もりの状態のまま生きねばならない。だとすれば彼は、「もうしばらくは自分は引き籠もりのまま生きねばならない」と明らめて、しっかりと引き籠もりのまま生きるべきです。わたしの助言は、そういう考え方にもとづいています。

それが、人生の問題として引き籠もりを考えることです。

しかし、世間の人は、たいていが生活の問題として引き籠もりを考えます。ということは、引き籠もりの状態を改善しようとするのです。そのために精神科医の治療を受けたり、暴力を振るったりします。それによって状態が少しは改善されることもありますが、逆に引き籠もりの子どもが自殺することもあります。あるいは暴力に走ることもある。

いや、ともかく、生活の問題と人生の問題はまったく違っているのだということだけは知っておいてください。そして、仏教によって助言できることは、あくまでも人生の問題に対してだけです。そこでは生活の問題については考慮されていません。どうしたら引き籠もりを改善できるか？　仏教はそんなことに関心を持ちません。

「もうしばらく引き籠もりを続けなさいよ」

それが仏教からする助言のすべてです。

▼「南無そのまんま・そのまんま」

そしてわたしは、その青年にこう言いました。

「きみね、引き籠もりの状態を続けることは、とても苦しいだろう。苦しくって、苦しくってならないことがある。そんなとき、いいお唱えの文句がある。それは、

〝南無そのまんま、そのまんま〟

だよ。これを、苦しくなったとき、三返お唱えしなさい」

〝南無〟というのはサンスクリット語の〝ナモー〟を音訳した言葉で、「帰依します」といった意味です。あるいは「おまかせします」といった決意表明だと思えばいいでしょう。

だから、

「南無阿弥陀仏《なむあみだぶつ》」は……すべてを阿弥陀仏のはからいにおまかせします、

「南無妙法蓮華経《みょうほうれんげきょう》」は……『妙法蓮華経』（すなわち『法華経』）の教えにすべてをおま

かせします。

「南無釈迦牟尼《しゃかむに》仏」は……釈迦仏にすべてをおまかせします、

「南無大日如来」は……大日如来にすべてをおまかせします、
といった決意表明になります。

「おまかせします」ということは、全権委任です。「こうしてほしい」「ああしてほしい」と、仏に注文をつけることではありません。どうかわたしの病気を治してくださいと願うのは、仏に「南無」したことではありません。どうかわたしの苦しみを取り除いてくださいと注文することも、「南無」ではありません。

そしてまた、「わたしは引き籠もりをやめたいのです。仏よ、どうかわたしを救ってください」と頼むのも、それは「南無」ではありません。「善人になりますから、わたしを救ってください」ではありません。「戒律を守りますから、わたしを救ってください」ではありません。そもそもわたしたちに、善人になり、戒律を守るなんてことはできません。わたしたちは弱い人間です。不完全な人間です。その弱い、不完全なわたしを救ってくださいと頼むのが、「南無」です。

だから、「南無」は、「南無そのまんま、そのまんま」です。引き籠もりのわたしをそのまんまで救ってくださいと願っているのです。頼んでいるのです。

娘に自殺されて苦しんでいる親は、まさに苦しんでいるそのことが救いになっているのです。仏はあなたに「そのまんま苦しんでいなさい」と言っておられるのです。何も苦しみがなくなることが救いではありません。

そのように明らめることが「南無」であります。つまり、

――「明らめ」イコール「南無」――

です。わたしたちは悩み・問題を完全に解消・解決することはできません。そのことを明らめて、仏におまかせするのです。それが「南無そのまんま・そのまんま」です。そして、そのとき、そこに「救い」があるのです。そう信じてください。

▼「そのまんま」と「このまんま」

「先生、ぼくは怠け者なんです。でも、ぼくはこのまんまでいいんですね」

仏教の講演会で、わたしがいま述べたような話をすると、必ずといってよいほどこんな質問を受けます。それに対してわたしは、

「いや、あなたは怠け者のまんまであってはいけません。このまんまであってよいのですかという問いに対しては、わたしは、

〝あなたはこのまんまであってはいけない〟

と答えますね」

と言います。そうすると、質問者は変な顔をしています。会場の中には、〈なるほど〉とわたしの返答に納得しておられる人もおいでになりますが、大多数の人は不可解な顔をしておられます。

じつは、「このまんま」と「そのまんま」は違うのです。

どう違うか？　一方は生活の問題だからです。「怠け者のまんまでいいんですか？」と問うてくるのは、日常生活の中で自分は怠けて暮らしていてもいいのかと、自分の怠けに対してお墨付きを求めています。しかし仏は、そんな自分勝手な考え方にお墨付きを与えられるはずはありません。

生活の問題は、自分の努力によって改善することができます。ならば彼は、自分の努力によって少しでも怠け癖を克服・改善すべきです。怠慢は許されませんよ。

もう一方の「そのまんま」は、人生の問題です。

例を挙げて考えてみましょう。

わが国、浄土宗の開祖の法然（一一三三―一二一二）に、ある遊女が尋ねました。

《「世をわたる道まち〳〵り。いかなるつみありてか、か丶る身となり侍らむ。この罪業《ざいごう》おもき身、いかにしてかのちの世たすかり候べきか」》

——「人間の渡世の道はいろいろありますが、わたくしはどういう罪があるのでしょうか、このように苦界に身を沈めることになりました。この罪業重い身のわたくし、いかにすれば後世が助かるでしょうか？」——

遊女は春をひさぐ女性です。その女性が法然に、自己が救われる道を尋ねているのです。それに対して、法然はこう答えています。いちおう原文（『法然上人絵図』）を引用しますが、面倒であれば現代語訳だけをお読みください。

「げにもさやうにて世をわたり給らん、罪障まことにかろからざれば、報酬《ほうしゅう》またはかりがたし、もしかゝらずして、世をわたり給ぬべきはかりごとあらば、すみやかにそのわざをすて給べし。もし余のはかりごともなく、又身命《しんみょう》をかへりみざるほどの道心いまだおこりたまはずは、たゞそのまゝにて、もはら念仏すべし。弥陀如来はさやうなる罪人のためにこそ、弘誓《ぐぜい》をたてたまへる事にて侍れ。たゞ、ふかく本願をたのみて、あへて卑下する事なかれ。本願をたのみて念仏せば、往生うたがひあるまじき」

——「たしかにそのような渡世は、罪の軽いものではありません。その報いは想像できないほど大きいでしょう。もしもほかに生計の道があれば、すぐさま転業しなさい。しかし、ほかに生計の道がなく、この身はどうなろうとかまいはしないという求道心もないのであれば、そのままひたすらお念仏を称えなさい。阿弥陀如来はあなたのような罪人を救うために誓願をたてられたのです。深く阿弥陀如来の本願をたのんで、自分を卑下してはいけません。本願をたのんで念仏すれば、往生は疑いないのです」――

ここで法然は遊女に対して、ほかに生計の道があればすぐさま転業しなさいと言っておられます。これは生活の問題として、遊女のまま（このまんま）ではいけないと言われたのです。生活の問題としては、改善することが可能です。

ですが、わたしたちは、そう簡単には転業できません。たとえば兵器産業に勤務する者が、自分は人殺しに荷担していると思っても、簡単に辞表を出せません。ならばその人にとっては、問題は人生の問題になります。遊女にとっても、それは人生の問題です。

人生の問題に対しては、法然は、

《そのままひたすらお念仏を称えなさい》

と言われています。つまり、それは「南無そのまんま・そのまんま」なんです。

このように、「そのまんま」と「このまんま」とはまったく違っているのです。

▼愚かで弱い人間

わたしたちはこれまで、仏教というものを根本的に誤解していたのではないでしょうか。仏教を学んで立派な人間になる。人格高潔な人間になる。それが仏教を学ぶ目的だ。多くの人はそう思っています。

とんでもないまちがいです。

仏教は、わたしたち人間は「凡夫《ぼんぷ》」であると言っています。「凡夫」というのは、基本的には「愚か者」の意です。まちがいばかりをする愚者。それが仏教の人間観です。

仏は、そのような凡夫を救ってくださる存在です。

もっとも、仏教のうちには小乗仏教があって、小乗仏教においては、われわれ人間は修行を積んで、悟った人にならねばならぬと教えられています。でも、わたしは、そういう考え方はおかしいと思います。小乗仏教というのは、はっきり言ってまちがった仏教です。インチキ仏教だと言うべきでしょう。

そもそも宗教というものは、わたしたちのような弱くて愚かな人間を救ってくれるものだと思います。たとえばキリスト教においては、完全な存在はゴッドだけで、われわれ人間は不完全な存在だ。その不完全な存在をゴッドが救ってくださるのです。われわれ人間が努力してゴッド（完全な存在）にならねばならない。そんなことをキリスト教が言っているのではありません。

わたしは、宗教というものは、

――人間というものは、

弱くて、

愚かで、

不完全である――

という前提にもとづくものだ、と思っています。その前提に立って、絶対者――仏やゴッド――の救済があるのです。

だから、仏教においても、わたしたちは凡夫なのだから、弱くて・愚かで・不完全であってよいのです。そして、そのような凡夫を仏が救ってくださるのです。

その仏の言葉が、「南無そのまんま・そのまんま」です。

したがって、この言葉は、わたしがわたしに言う言葉ではありません。仏のほうからわれわれに対して、

「あなたはそのまんまでいいのだよ。弱くて愚かなあなたを、わたしが救ってあげるから

ね」

と言ってくださっているのです。

わたしたちは、

「南無阿弥陀仏」

「南無妙法蓮華経」

「南無釈迦牟尼仏」

「南無大日如来」

と唱えます。しかし、それは、「仏よ、どうかわたしをこのまんまで救ってください」と願っている言葉ではありません。そうではなくて、仏のほうから、

「あなたはそのまんまでいいんだよ」

と言ってくださっている言葉として聞かねばならないのです。わたしが仏に向かって発する言葉ではなしに、仏のほうからわたしに向かって発せられた言葉として聞く。そこに称名・唱題の本質があると思います。

それから、言っておきますが、わたしたちは弱くて・愚かで・不完全な人間です。仏はそのようなわたしを、「あなたはそのまんまでいいんだよ」と赦してくださっているのです。と同時に、仏は、他の凡夫に向かっても、「あなたはそのまんまでいいんだよ」と赦

しておられます。そのことを忘れてはなりません。

かりにあなたの子どもが不登校になったとき、仏はその子に、「そのまんまでいいんだよ」と言っておられます。

かりにあなたの夫ががんになったとき、仏は、「そのまんまでいいんだよ」と夫に言っておられるのです。

わたしたちはややもすれば、〈俺は弱くて・愚かで・不完全でいいんだ。けれども、他人が弱くて・愚かで・不完全であることは許せない〉と考えます。けれどもそれは、仏の心が分かっていないことになります。

「人間はみんな弱くて・愚かで・不完全な存在なんだ」と信じるのが、仏を信じたことになるのです。どうかそこのところを忘れないようにしてください。

3

四苦八苦

▼さらりと憎む

これも仏教講演会の会場においての聴衆からの質問でした。質問者は五十代の女性でした。

「あのう、わたしには憎い人がいます。いくら憎んでも、憎み足りない人なんです。その人に対して、わたしはどうすればいいのでしょうか……?」

わたしはとっさにこう答えました。

「憎めばいいじゃないですか……」

聴衆はどっと笑います。質問者はどぎまぎしています。あれはおもしろかったですね。

どうも日本人は、人を憎んではならないと思い込んでいます。いや、思い込まされているのです。でも、それは嘘ですよ。

たとえば、『論語』の中で孔子（前五五一—前四七九ごろ）がこう言っています。

《子曰く、惟《た》だ仁者《じんしゃ》のみ能《よ》く人を好み、能《よ》く人を悪《にく》む》（里仁3）

これを、宮崎市定は次のように訳しています（『論語の新研究』岩波書店）。

《子曰く、好むべき人を好み、悪むべき人を悪むことができたなら、それは最高の人格者と言える》

〝仁者〟というのは「最高の人格者」なんですね。われわれは、最高の人格者は人を憎まない、どんな人をも愛することができると思っていますが、孔子はそのようには見ていません。愛すべき人を愛し、憎むべき人を憎むことができるのが最高の人格者だ。孔子はそのように言っています。

仏教の考え方だって同じです。

わたしたちは、「人を憎んではならない」「すべての人を愛しなさい」と教わって、それで人を憎まずにおれますか⁉　それで人を愛することができますか⁉　どだい無理な論です。だから仏教は、「人を憎んではならない」とは教えていません。

では、どうすればいいのでしょうか？

――思うがままにならないことを、思うがままにしようとするな！――

というのが、仏教の教えになります。この章においては、われわれがこの点を詳しく考察したいと思います。

しかし、講演会場における質問に対しては、詳しく解説する時間がありません。それでわたしは、「憎めばいいじゃないですか……」と答えたあと、次のように付け加えました。

「あなたは、憎むのをやめようと思って、それで憎むのをやめられますか？　やめられませんよね。それじゃあ、憎めばいいのです。まあ、上手に憎んでください。上手に憎むということは、さらりと憎むことだと考えればよいでしょう。どうすれば上手に憎めるか、どうすればさらりと憎めるか。それがあなたの努力目標になります」

▼「生苦」と「死苦」

さて、〝四苦八苦〟という言葉があります。日常語では、これは「大変な苦労」「さんざんな苦労」の意味に使われます。

しかし、仏教語としては、これは人間の生存において逃がれることのできない「苦」をいいます。

まず最初に「四苦」があります。

1　生苦……生まれるときの苦しみです。
2　老苦……老いる苦しみです。
3　病苦……病むことの苦しみ。
4　死苦……死ぬときの苦しみ。

第一の「生苦」ですが、これは誕生のときに体験する苦しみです。これを生きていることの苦しみ、人生そのものの苦しみと解する人もいますが、そうではありません。あくまでも生まれるときの苦しみです。

われわれは母親のあの狭い産道を通ってこの世に生まれてきました。とても苦しかったはずです。ですが、わたしたちはそれを忘れてしまった。したがって「生苦」は、われわれが過去に体験した苦しみです。

そして、未来に体験するのが「死苦」です。だから、われわれがまだ体験しない苦しみです。

でも、本当に「死苦」なんてあるのでしょうか？　われわれは死ぬときに苦しみを味わうのでしょうか？　わたしは疑問に思います。なぜなら、人間はみんな死ぬのです。これまでに生存した何千億の人間が、みんな死んだのです。その人間がみんな苦しみながら死んだのでしょうか？

大脳生理学者のうちには、人間は死ぬ直前になると、脳のうちにモルヒネのような物質がつくられて、それ故、苦しむことなく、恍惚として死んでいける、と考えている人がいます。わたしはその説に大賛成です。みんなが死なねばならぬその死を、苦しみつつ死ぬように自然はつくられているでしょうか。事故等で死ぬのは別にして、ごく自然に死ぬのであれば、みんなが安らかに死ねるようになっている。それが自然の配慮だ。わたしはそう思っています。

けれども、誰も死を体験した人はいません。これは、われわれが未来に体験する「苦」です。そして体験したときは、もう死者になっていますから、それを生者に報告できません。過去の苦しみである「生苦」は忘れてしまい、未来の苦しみである「死」は誰も体験できない。なんだか厄介なことですね。まあ、それが「苦」なんだから、仕方がないですよね。

この「生苦」と「死苦」のあいだに、われわれが現世において体験する「老苦」と「病苦」があります。これは現在の苦しみです。

▼老いる苦しみ

次はその「老苦」です。老いることの苦しみです。

長寿を祝うことを〝賀寿《がじゅ》〟といいます。還暦・古稀《こき》・喜寿・傘寿《さんじゅ》・米寿《べいじゅ》・卒寿《そつじゅ》・白寿・百寿と、年齢によって名前がつけられています。それぞれ六十歳・七十歳・七十七歳・八十歳・八十八歳・九十歳・九十九歳・百歳です。長寿はともかくめでたいこととされています。

でもね、長生きすることは本当にめでたいことなんでしょうか?

江戸時代の禅僧に仙厓《せんがい》（一七五〇―一八三七）がいます。書画をよくし、禅味あふれる画に短い自讃をつけた禅画は、海外にも紹介されて好評を博しています。その仙厓に、「老人六歌仙」と題した禅画があります。表記を現代語にして紹介します。

しわがよるほくろがでける腰曲がる
　頭がはげるひげ白くなる
手は振るう足はよろつく歯は抜ける
　耳は聞こえず目はうとくなる
身に添うは頭巾《ずきん》襟巻《えりまき》杖《つえ》眼鏡《めがね》
　たんぽおんじゃくしゅびん孫の手
聞きたがる死にとむなかる淋しがる

心は曲がる欲深くなる
くどくなる気短かになる愚痴《ぐち》になる
出しゃばりたがる世話やきたがる
又しても同じ話に子を誉める
達者自慢に人はいやがる

〝たんぽ〟は湯たんぽで、〝おんじゃく（温石）〟は焼いた軽石を布に包んで身体を温めるもの。〝しゅびん〟は溲瓶《しびん》です。仙厓は老人になることの苦しみをよく表現しています。わたしもすでに八十一歳。この「老苦」がよく分かります。

だが、じつは、「老苦」は老人の苦しみではありません。老いる苦しみです。そして、老人だけが老いるのではないのです。二歳になる赤ん坊だって、一日たてば一日分老いています。そして、その老いるスピードは全員が同じです。十三歳の少女は一年たてば一歳老いるし、三十八歳の壮年も一年たてば一歳老いるし、八十一歳の老人も一年たてば一歳老いるのです。みんながみんな、老いています。しかも同じスピードで老いているのです。

ところが、若い人についてはその老化を「成長」といって喜んでいます。年寄りに対してだけ、老化を「老苦」とするのです。それなのに、なぜ若い人に対しては「老苦」としないのか⁉　そもそも「苦」とは、本当に苦しいことなんでしょうか？　この問題は、少しあとで考えることにします。

▼病むことの苦しみ

それから「病苦」があります。病むことの苦しみです。

じつは、病気には二種あります。わたしは二種に分類します。

一つは、細菌やウイルスが外部から体内に入ってきて発症する病気で、わたしはこれを「インベーダー（侵入者）による病気」と命名します。

もう一つは、自分そのものが変化して病気になることで、これは「老化による病気」と名づければよいでしょう。しかし、老化といっても、必ずしも年寄りになってから発症するものではなく、若いころに病気になることもあります。

この老化による病気は、いわゆる老人病（あるいは成人病ともいいます。最近は生活習慣病と呼ぶようですが）がそうです。そして精神病。また、がんが典型的な「老化による病気」です。がんは、若い人でも罹る特殊なものもありますが、だいたいは自分の細胞ががん化して、老化とともにそれが蓄積されて発症するものです。したがって、それは老化現象にほかなりません。

ここでちょっと考えてみてほしいのは、なるほどインベーダー（細菌やウイルス）による病気は、これと闘って克服することができます。しかし、人間の体力は年齢とともに弱っていきますから、若いころはちょっとした風邪なんて平気でいたのですが、体力が弱った老年になると、なかなかインベーダーと闘えなくなります。となると、インベーダーによる病気だって、本当はわたしたちの老化によって苦しみが増すのです。

とすると、「病苦」というのも、広い意味では「老苦」になりませんか。

そして、老いることは、すでに述べたように時間がたつことなんです。赤ん坊だって、一か月たてば一か月老いているのです。

しかも、老いることによって、われわれは成人病、いわゆる老人病になります。前立腺肥大症なんて、ほとんどの老人が罹る病気、いや老化現象です。

ということは、「老苦」と「病苦」は同じものであって、われわれが生きている、そのことが苦しみなわけです。

そこで仏教では、

——一切皆苦——

ということを言います。わたしたちが生きている、そのすべてが苦である。生きているそのことが苦である。人生そのものが苦である。仏教はそのように言うのです。どうも仏教はペシミスティック（厭世的）ですね。しかし、このことについての考察は後回しにします。

▼さらに四つの「苦」

生・老・病・死の「四苦」に、次の「四苦」を加えて「八苦」にします。「四苦八苦」だから合計十二苦になるのではありません。「四苦」プラス「四苦」で「八苦」になるのです。

追加される「四苦」は次の通り。

5　愛別離苦……愛する者と別離しなければならない苦しみ。
6　怨憎会苦《おんぞうえく》……怨み・憎む者に会わねばならない苦しみ。
7　求不得苦《ぐふとくく》……求めるものが得られない苦しみ。
8　五陰盛苦《ごおんじょうく》（五取蘊苦《ごしゅうんく》ともいう）……要約すれば五陰（五取蘊。人間を構成する肉体と精神）のすべてが苦である。つまり、この最後で、人間の生存そのものが苦であるとまとめられているのです。

あまり解説の必要はないと思いますが、いちおうコメントを加えておきます。

愛する者との別離、すなわち死別は大いなる苦しみです。親が先に死ぬか／子が先に死ぬか、たぶん親のほうが先に死んだほうがよいのでしょうが、実際には思うがままになりません。前に述べた禅僧の仙厓は、檀家の人から何かめでたい文句を揮毫《きごう》してくれと頼まれて、

——祖死父死子死孫死——

と書きました。相手はむくれます。そこで仙厓が言いました。

「おまえさん、これがめでたいことだと気がつかないのか⁉ この順番が一つでも狂って、〝子死父死〟になってみろ。父はどれだけ苦しまねばならぬか、おまえさんに分からないのかい⁉」

檀家の人は喜んでその揮毫を持ち帰ったといいます。

人生に別離・死別は必ずあるのです。とすると、われわれがその別離を悲しみ・苦しむのがおかしいのかもしれません。別離は必ずあるのだと明らめることが、ある意味で解決になるのかもしれません。しかし、これはいささか先回りしてしまいました。あとでじっくり考えることにします。

この「愛別離苦」の反対が「怨憎会苦」、怨み・憎む者に会わねばならぬ苦しみです。前に述べたように、わたしたちは人を憎んではいけないと思い込まされていますが、実際には怨み・憎む者がいるのです。そして、〈怨んではならない。憎んではならない〉と思

いながら憎むのは、苦しみを余計に増やすだけです。前にも述べたように、ここはさらりと憎めばよいのです。もっとも、どうすればさらりと憎めるのか、そこはなかなかむずかしいですね。〈さらりと憎まねばならない〉と思いながら憎んでいるのでは、さらりと憎んだことにはなりません。この辺のところも、後で考えることにしましょう。

そして「求不得苦」。求めるものが得られない苦しみです。求めるものは金銭・財物ばかりではありません。地位を得たい・名誉を得たい・権力を得たいというのも、求めるものです。愛情を得たいというのも同じです。しかも、自分が相手から愛されたいというのも、この求めるものですが、自分が相手から愛されているのに、その相手が自分以外の人を愛すると、人は嫉妬を感じます。自分だけが愛されたいのです。そこが厄介なところです。

これは地位や名誉についても言えます。自分は相当な地位を得ているのに、他人が自分と同じ地位を得ると、われわれは嫉妬を感じます。地位にしろ名誉にしろ、独占したいのですね。そこが厄介なところです。それが苦しみです。

そこで、よく考えてください。実際は、ほとんどの場合、わたしたちは求めるものを得ているのです。ところが、欲望が充足されると、それでわたしたちは満足するのではなしに、必ず欲望そのものが膨張するのです。最初、年収が五百万円になるといいなあ……と思っていた人が、実際に年収五百万になると、その人は一千万円が欲しいと思います。そして年収一千万円になると、次には三千万円を望むようになります。課長になれば部長、部長になれば局長を目指すようなものです。だから、いつまでたっても、どこまで行っても、人は満足できません。それが「求不得苦」の正体です。

では、どうすればよいのでしょうか？　のちに考えることにしましょう。

▼思うがままにならないこと

先に述べたように、仏教は「一切皆苦」と教えています（五五ページ参照）。われわれの人生そのもの、人生の全体が苦であると言うのです。ちょっとペシミスティックに過ぎますよね。

だって、わたしたちの人生には、たしかに苦しみもありますが、結構楽しいことだってありますよね。それなのに、どうして「すべてが苦しみだ」と断定するのでしょうか……？

昔、わたしはこの疑問をあれこれ考えました。たとえば、酒を飲むのは楽しいことですが、その裏には二日酔いの苦しみがあります。親はわが子の成長を楽しみにしていますが、その楽しみの裏には「愛別離苦」があります。いや、反抗期になって子どもは親に反抗することもあります。そのとき、親は苦しみを味わうのです。

ともかく、楽しみは永遠に続くものではありません。この世のことはすべて無常です。したがって、「無常なるが故に苦なり」――と、そういう説明も可能です。また、実際に経典にはそういう説明がなされています。

あるいは、鎖は多数の環(リンク link)が繋がったものです。その鎖の強度は、全体の中でいちばん弱い環によって左右されます。それと同じく、わたしたちの人生もさまざまな出来事の繋がった鎖のようなものです。その出来事のうちには、楽しいこと/苦しいことがあります。そして、人生全体の強度といえば、いちばん弱い環、いちばん苦しい出来事によって決定されるのではないでしょうか。その意味で、人生は苦しみであると評価されるのだ。そういうふうに考えることもできそうです。

だが、その後、わたしは重大なことに気づきました。

漢訳仏典において〝苦〟と訳されている語は、サンスクリット語だと〝ドゥフカ〟、バーリ語だと〝ドゥッカ〟です。そして、この〝ドゥフカ〟〝ドゥッカ〟の原義は、

――思うがままにならない――

です。わたしたちは毎日の生活の中で、〈ああしよう〉〈こうしよう〉と計画を立てます。でも、それは思うがままになりません。自分自身に関しても、〈もう少しやさしくし

よう〉と思いながら、思う通りにはできません。人生のすべてが思うがままにならないのです。たまに計画通り・意図通りになることがあっても、それはたまたまのことであり、自分が思うがままにしているのではありません。

ところが、われわれは、人生は思うがままにならないのに、それを思うがままにしたいと考えます。夫は妻を、妻は夫を、自分の意のままに動かしたいと思うのです。職場の同僚を自分の都合のよいように動かしたいと思い、場合によっては相手の失脚を願います。そのとき、人生は「苦」になるのです。

つまり、思うがままにならないことを、思うがままにしたいと思ったとき、人生は「苦」になります。

思うがままになることを思うがままにしようと思うのはいいのですよ。小学生が、自分が努力して、毎日三つずつ漢字を覚えようとするのは、思うがままになることです。もっとも、それはそう簡単にはできません。しかし、絶対に不可能ではありません。努力すればできることです。

けれども、その小学生が、毎日三つずつ漢字を覚えて、国語の成績をクラスのトップにしようと思っても、それは思うがままになりません。自分より頭のいい子がクラスにいれば、成績はトップになりません。その思うがままにならないことを、彼が思うがままにしようとすれば、苦しむことになります。
つまり、思うがままにならないことを、思うがままにしようとすれば、苦しみになるのです。だから漢訳仏典は、「思うがままにならない」という意味の〝ドゥフカ〟〝ドゥッカ〟を〝苦〟と訳したのです。
じゃあ、どうすればよいでしょうか？　どうすればよいかに関しては、あとでじっくり考えることにしますが、この段階で、いちおうの結論めいたものを提示しておきます。それは、

——思うがままにならないことは、思うがままにしようとしてはいけない——

です。また、「四苦八苦」に関しては、次のように言うことができるでしょう。

——苦が「苦」になるのは、苦を「苦」にするからだ。苦を「苦」にしなければ、苦は「苦」にならない——

思うがままにならないことを、思うがままにしようとして悩み、苦しむのが「苦」にしているることなんです。思うがままにならないことを、思うがままにしようとしなければ、われわれは苦しみ、悩むことはありません。だから、娘に自殺されて苦しんでいる親は、ただ苦しめばいいのです。それを、苦しみをなくす、あるいは軽減しようとするから、「苦」になってしまうのです。

サンスクリット語に〝プラパンチャ〟があります。漢訳経典では〝戯論《けろん》〟と訳されますが、その意味は「複雑化」です。われわれは問題を複雑にしてしまいます。親より先に子どもが死ぬ。それはただ死んだだけですが、それを〈あの子はなぜ死んだのか⁉〉〈あのとき、ああしていれば、あの子は死なななかったのに……〉と考えるのは、問題を複雑にしているのです。憎い者をただ憎めばいいのに、〈憎んではならない〉と考えることは、問題を複雑にしているのです。仏教では「不戯論《ふけろん》」、すなわち問題を複雑にするなと教えています。

したがって、悩むとき、苦しまねばならないときは、あなたはすんなりと苦しみ、悩めばいいのです。それが、どうすればいいのか……といった問いに対する、とりあえずの結論です。あとでもう一度、考えてみましょう。

4

「四諦」の正しい解釈

▼「四諦」のまちがった解釈

釈迦が人々に教えられた基本的な教理は、古来、

——四諦——

であったとされています。「四諦」とは「四つの真理」です。この場合の〝諦〟は、「諦める」「断念する」といった意味ではなく、「明らめる」「真実を明らかにする」の意味です。

じつは、この「四諦」の解釈がむずかしい。ほとんどの学者が、これを小乗仏教的な解釈、つまりまちがった解釈をしています。

小乗仏教というのは、

――出家者の、出家者による、出家者のための仏教――

です。それは、われわれ在家信者のための仏教ではありません。

そして、釈迦は「四諦」を教えられました。それは事実であってまちがいではありませんが、釈迦は出家者のためだけにそれを説かれたのではなく、わたしたちのような在家信者もそれを学んで、人生を有意義にしてほしいと願って「四諦」の教えを説かれたのです。それなのに釈迦の入滅後、釈迦の教えを出家のための教えであるとまちがった考え方にもとづいて、仏教を歪曲してしまったのが小乗仏教です。

明治以後の日本の仏教学者たちは、全員が全員といってよいほど、この小乗仏教に毒されてしまって、釈迦の教えを小乗仏教的に歪曲して、人々に弘めました。わたしも大学で仏教を学んだとき、「四諦」の教理を小乗仏教的なまちがった解釈で教わりました。そしてそのまちがった解釈を自著に書いたのです。いまでは反省しています。

それでわたしは本書において、釈迦の説かれた「四諦」の教えを、正しく大乗仏教の立場で解釈したいと思います。大乗仏教は基本的に在家仏教ですから、大乗仏教的に解釈することは、われわれ在家信者が「四諦」の教理をどのように日常生活において実践するか、それを考えることになります。

＊

そこで、まず最初に、「四諦」の小乗仏教的解釈を解説します。これは、従来、わたしが大学を中心にして仏教学者から教わった解釈であり、まちがった解釈です。どこがどうまちがっているか、正しい解釈は何かを述べるためには、従来のまちがった解釈を知っておかねばなりませんので、余計なことのようですが、いちおうお聞きください。

「四諦」というものは「四つの真理」で、それは、

1　苦諦……苦に関する真理、
2　集諦《じったい》……苦の原因に関する真理、
3　滅諦……苦の原因の滅に関する真理、
4　道諦……苦の原因の滅の道（方法）に関する真理、

です。まず、われわれは、人生は苦であると認識し、そしてそれには必ず原因があるに違いないと考えます。原因なくして生ずる事象はないのですから、われわれの人生が苦であるのは、必ず何かの原因があります。そして、その原因は欲望にあるのだから、わたしたちはその欲望を滅すればよい。欲望を滅すれば苦がなくなります。そして、その欲望を滅する方法（道）を説いたのが、最後の「道諦」です。

以上が、「四諦」の小乗仏教的解釈です。完全にまちがっているのですが、小乗仏教を

信奉する日本の学者たちはそのように解説しています。

そして、これは西洋の学者が言い出したことですが、この「四諦」は医師が患者を治療する方法に似ています。いや、本当をいえば、「四諦」が医師の治療法に似ていたのではなく、医師の治療法に擬《なぞら》えて学者たちは「四諦」を解したのです。

まず、医師は患者の病状を診断します。熱があるか／どうか、鼻水が出るか／否か……と診察するのです。それが「苦諦」です。そして、次にその病気の原因を特定するのが「集諦」になります。そして治療の段階になるのですが、その治療は原因を除去しようとします。このように、「四諦」は医療のアナロジー（類比）でもって解釈されています。

わたしたちはこういう解釈を、小乗仏教をえらく持ち上げる仏教学者たちから聞かされてきました。われながら恥ずかしいことに、わたしもそういう解釈を信じ込んできました。それがまちがっていることに気づいたのは、ようやく古稀の年齢を過ぎてからでした。

▼「苦」にするな！

どこがどうまちがっているか、わたしたちは検証を始めましょう。

まず「苦諦」ですが、これは前章においてすでに「一切皆苦」を説明しました。われわれの生存がすべて「苦」であるというのが、この「苦諦」です。そして医療とのアナロジーでいえば、小乗仏教的には、熱がある者はすべて病人だとしてしまったのが、根本的な誤りです。子どもは、少しぐらいの熱があっても、外で元気に遊んでいます。わたしも若いころ、三十九度の熱がありながら、パチンコをやっていたことがあります。熱がある者、すべて病人にあらず、です。自分を病人だと思うから、病人になるのです。前に言ったように、わたしたちは苦を「苦」にしているのです。苦を「苦」にしなければ、苦は「苦」になりません。大乗仏教はそう教えています。

だから、わたしたちは病気を「苦」にする必要はありません。老いを「苦」にする必要はありません。小乗仏教は、「苦だ！　苦だ！」と言って、勝手に騒いでいるのです。そんなものと付き合う必要はありませんよ。

怨み、憎む者がいても、さらりと怨み、憎めばいいのです。といっても、どうすればさらりとできるか、なかなかむずかしいのですが、怨み、憎んではならないと考えるより、まあとことん憎んだほうがよさそうです。小乗仏教的な考え方では、余計に苦しむことになりますよね。

愛する者との別離だって、わたしたちはそれを「苦」にしてはいけないのです。自殺した子どもだって、親がいくら苦しんだところで、再び生き返るわけがありません。ならば忘れてしまっていいのです。

でも、わたしがそう言えば、忘れるなんてけしからん。親が忘れてしまえば、子どもがかわいそうだ。いつまでも覚えていてやらねばならない。そんなふうに反駁される人がいます。それが葬式仏教をのさばらしているのです。やれ七回忌だ、十三回忌、三十三回忌、五十回忌と、坊主の金儲けの手段になっています。

わたしは、死者はすべてお浄土に往って、そこで仏弟子となっておられると信じています。わたしの父も母も、阿弥陀仏の極楽浄土に往生して、阿弥陀仏から仏教の教えを聴聞しています。わたしなんかよりもはるかに仏教を理解しているはずです。わたしはそう信じています。

だから、わたしが亡き父母のためにしてあげられることは何もない。

亡父・亡母の面倒は阿弥陀仏が見てくださっています。

阿弥陀仏にすべてをおまかせして、わたしは何もしないでいい。死んだ父や母のことは忘れてしまっていい。そして、ただ「南無阿弥陀仏」をお称していればよい。「南無阿弥陀仏」は、「阿弥陀さん、すべてをおまかせしますよ」といった信仰告白です。わたしはそのように信じています。

それが「苦」にするな、ということです。小乗仏教は「苦」にすることばかり教えていますが、大乗仏教は「苦」にするな！　と教えています。「苦諦」とは、大乗仏教的には、

——「苦」にするな！——

といった教えなんですよ。

▼原因は分からない

次は「集諦」です。小乗仏教的には、「苦」の原因に関する真理ということになります。じつは、これがなかなか厄介なんです。

小乗仏教を信奉する学者は、「苦」の原因は欲望だと考えます。

わたしたちは金持ちになりたいと考えます。長生きしたいと思います。そのくせ、認知症になりたくないと思うのだから、ちょっと矛盾しています。ＰＰＫというのですか。ピンピンコロリです。いつまでもピンピンしていて、コロリと死にたいというのですから、勝手なものです。地位や名誉を得たいと思います。それらは欲望です。

しかし、さまざまな欲望があっても、それを充足できるとはかぎりません。まあ、たいていは充足できません。それでわたしたちは苦しむのです。

それ故、欲望が「苦」の原因である。小乗仏教はそのように言います。

だが、大乗仏教の考え方は、それとは違います。大乗仏教はどう考えるか？　それは、

——一切の事象が起きる原因は分からない——

というのです。もちろん、原因はありますよ。けれども、原因というものはたった一つの事柄ではなしに、さまざまな要因が集まっているのです。だから〝集諦〟と呼ばれるのです。

たとえば、定員が九名のエレベーターには、だいたい十一人ぐらい乗っても重量オーバーにはなりません。だが、すでに十一人が乗っているエレベーターに、少し肥満体の人が乗り込んで来ました。すると重量オーバーのブザーが鳴ります。人々はその最後の男を、〈早く降りろ！〉といった目付きで眺めます。その人が重量オーバーの原因だと考えるのです。

けれども、いくら肥満体であっても、その人が誰も乗っていないエレベーターに乗れば、重量オーバーにはなりません。とすると、重量オーバーの原因は、すでに乗っていた十一人にあります。

最後の男が原因ではありません。

いや、正確にいえば、最後の男だけが原因ではないのです。その男も含めて、十二人の全員が原因なのです。

さらにいえば、エレベーターが小さ過ぎることも原因になっています。あるいは、その日は雪が降っていたもので電車が遅れて、その時間帯にみんなが集中してエレベーターに乗ることになった。それも原因の一つでしょう。

したがって、最後の肥満体の人がエレベーターに乗ったことは、重量オーバーの引き金になったでしょうが、それが（それだけが）原因だとはいえないのです。

では、原因は何か？　それはわれわれには分からないのです。

嫁と姑の諍《いさか》いの例で考えてみてください。「お義母《かあ》さん（あるいは嫁）があんなことを言ったから、わたしは腹を立てたのだ」と、嫁（あるいは姑）が思うかもしれません。たしかにその発言は喧嘩の引き金にはなりました。しかし、それだけが原因ではありません。無数の原因が積み重なって喧嘩になったのです。たとえば、息子が彼女と結婚したことも一つの原因であり、さらにいえば母親が息子を生んだことが一つの原因です。したがって、物事の原因は、われわれには分からないのです。それが大乗仏教の考え方です。

▼八万四千の因縁

ともかく「原因」と呼ばれるものは多数あります。あるいは、いまあなたが苦しんでいる原因は、ひょっとしたら八万四千もあるかもしれません。〝八万四千〟というのは、インド人が「多数」を言うときに好んで使う数字です。

ところが、われわれはたいてい、原因というものをたった一つにしてしまいがちです。

小乗仏教がそうで、「苦」の原因を欲望というもの一つに絞ってしまいました。

そこで、われわれは大乗仏教の立場に立つのですが、それなら〝原因〟という言葉を使わないほうがいいでしょう。大乗仏教的には、

——因縁——

という言葉を使ったほうがよいと思います。物事が起きるには、さまざまな因縁があるのです。八万四千の因縁によって、物事が生起すると考えたほうがよいでしょう。

たとえば、ある人が犯罪者になるのは、さまざまな因縁によります。その人が悪人だから犯罪者になったのではありません。わたしたちは犯罪者といえば悪人だと思いますが、キリスト教のイエスは、犯罪者として十字架に架けられ死刑になっています。わが国の法然も親鸞(一一七三—一二六三)も、そして日蓮宗の開祖の日蓮(一二二二—八二)も、犯罪者とされ流罪になっています。時代が違えば、彼らは犯罪者にならなかったのです。その時代に生きたという因縁によって犯罪者とされるわけです。犯罪者イコール悪人ではありません。

善人にしても、善人が善人でいられるのは、さまざまな因縁によるのです。あなたが愛妻家でいられるのも、あなたを口説き、浮気を持ちかけてくれる女性がいなかったからです。そういう因縁に助けられてあなたはまじめ人間でいられるのです。

小乗仏教は、物事が起きるのは、何か一つか二つの原因があるからだと考えますが、大乗仏教は八万四千の因縁があって物事はそうなるのだと考えます。もちろん〝八万四千〟というのは多数の意味です。

ということは、物事が起きる原因はわれわれには分からないのです。わたしたちは、

——八万四千の因縁によって、物事はこうなったのだ——

と考えたほうがよいでしょう。原因なんて考えない。それが大乗仏教の考え方です。嫁と姑が仲が悪い。小乗仏教的には、そしてたいていの人は、どうしてこんなに仲が悪くなったのだろうか……と考えますが、それはさまざまな因縁によるのです。もしもその因縁を明らかにしようとすれば、八万四千のリストを作成せねばなりません。ですから因縁を考えない。あらゆることが、なるべくしてこうなったのだと考えるべきです。それが「明らめる」ことです。

▼二種類の欲望

それから、小乗仏教は、「苦」の原因は欲望だと言いますが、そもそも「欲望」とはどういうものでしょうか？　欲望の正体について考えてみましょう。

先に「求不得苦」（求めるものが得られない苦しみ）について解説したとき（五八ペー

ジ参照）、欲望というものは、それを充足させればかえって膨張するものだ、と話しました。年収一千万円を目指していた人が、それが達成されると三千万円が欲しくなります。三千万円になれば五千万円と、欲望は必ず膨張します。

ところが、じつをいえば、膨張しない欲望もあるのです。たとえば空腹になると、何かを食べたいという欲望が生じます。そして、食事をする。すると食べたいという欲望はなくなります。これが膨張しない欲望です。満腹になりながら、「もっと食え！」と強制されると、強制された人は怒りだすかもしれません。

これに対して、一万円札を百枚貰ったあとで、「あと十枚をあげよう」と言われて怒りだす人はいません。ほとんどの人がありがたく頂戴するでしょう。

このように、欲望には二種あります。わたしは、充足されることによって解消されるような欲望を「自然の欲望」と名づけます。食欲がそうですし、おしっこに行きたいという欲望もそうです。排泄すれば欲望はなくなります。

もう一つの、膨張し、肥大化する欲望を、わたしは「餓鬼《がき》の欲望」と呼びます。仏教でいう餓鬼は、たんに飢えている存在ではありません。飢えてはいないで贅沢に暮らしていても、自分のその現状に満足しないで、

〈もっと欲しい、もっと欲しい〉

と貪欲そのものになっている存在を、仏教では餓鬼と呼ぶのです。さしづめ現代の日本人が餓鬼でしょう。日本人はこんなにリッチな生活をしながら、なおも経済発展を考えているのですから……。日本人は〈もっと、もっと〉と餓鬼になっています。

このように、欲望には二種類があります。ところが、その区別をせずに、短絡的に、「欲望が苦の原因である。われわれは欲望をなくすことによって、苦しみを克服できる」と、釈迦の教えである「四諦」を歪めて解釈したのが小乗仏教です。われわれはそんな小乗仏教の解釈に惑わされてはいけません。だって、食欲だとか睡眠欲といった欲望をなくせば、人間は死んでしまいます。小乗仏教は、まるでわれわれに「死ね!」と言っているようなものです。

欲望が「苦」の原因なのではない。われわれはそのことを確認しておきましょう。

▼欲望を敵視しない

唐代の禅僧に大珠慧海《だいじゅえかい》がいます。ある人がこの禅僧に尋ねました。慧海の著の『頓悟要門《とんごようもん》』から、二人の会話を現代語訳で紹介します。

「和尚は道の修行にあたって、何か工夫を用いられますか?」

「工夫を用いる」

「どういう工夫を用いられますか？」

「腹がへれば飯《めし》を食い、眠くなれば眠る」

「誰も彼もがそれと同じことをしています。師の工夫と同じですか？」

「いいや、同じではない」

「どうして同じでないのですか？」

「他の人々は、飯を食うとき、本当に食っていないで、あれこれ考えごとをしている。眠るときも本当に眠らず、いろいろと考えている。だから同じではないのだ」

そこで質問者は何も言えなくなりました。

わたしたちは寝床の中で、

〈眠れない、眠れない〉

と悶々《もんもん》と苦しんでいます。〈眠らねばならない〉という観念が、わたしたちを苦しめるのです。食いたくもないのに、〈いま、食事をせねばならぬ〉といった強迫観念に苦しめられるのです。

だとすれば、欲望――食欲・睡眠欲――が苦しみの原因ではありません。

大珠慧海は、だから、腹がへったら飯を食い、眠くなれば眠ればよいと言っています。

それが禅のやり方であり、大乗仏教のやり方です。

前に言いましたね、憎い者がいれば、さらりと憎めばいいのです。悲しいときは泣けばいい。

なにも欲望を敵視して、欲望をなくさねばならぬなんて考えることはありません。

ただ、「餓鬼の欲望」が困ります。

「餓鬼の欲望」は、サンスクリット語では〝トリシュナー〟（パーリ語だと〝タンハー〟）といい、漢訳仏典では〝渇愛〟と訳します。これは、喉《のど》がからからに渇いた状態をいいます。漂流する救命ボートの上で、飲み水がなく、喉が渇いています。たまりかねて海の水を飲みます。しかし、その海水は渇きを癒してくれません。むしろ一口海水を飲んだがために、余計に渇きを覚えます。それが渇愛です。

わたしたちの欲望がある程度充足されたがために、わたしたちは渇愛──「餓鬼の欲望」──に悩まされます。貧困の時代にはあまり悩まなかった欲望に、いま、飽食の時代になって日本人は悩まされているのではないでしょうか。

では、このような「餓鬼の欲望」──トリシュナー、渇愛──を、われわれはどうすればよいでしょうか？　のちほど考えることにしますが、とりあえずヒント的に言っておけば、

──少欲知足──

ということになります。あなたの欲望をほんの少し減らしなさい。そして足るを知る心を持ちなさい。それが「餓鬼の欲望」に対する、われわれの基本的スタンス（姿勢）だと思います。

▼「苦」を実体視しない

ともかく、大乗仏教においては、「苦」を実体視しません。わたしたちは「苦」といったものがあると思って、その「苦」を消滅させねばならない、「苦」を克服せねばならないと考えます。それで余計に苦しみ、悩むのです。

でも、「苦」なんてものがあるわけではありません。

それは、まあ幽霊のようなものです。びくびくした心が幽霊をつくりだします。「幽霊の正体見たり枯れ尾花」といいますが、その正体が分かってみると、〈なあんだ、こんなものか〉となります。わたしたちは勝手に、ちょっとした苦しみを厄介きわまる「苦」にしているのです。複雑化しているのです。

だから、「苦」の原因なんて考えてはいけません。

「苦」の原因を考えると、ますます「苦」が実体になってしまいます。そして、それを克服するために、ご祈禱に頼ったり、インチキ宗教に騙されてしまいます。自殺した娘のために何かをしないといけないと思って、あれこれやってしまうのです。そうするとますます「苦」に悩むことになります。

「苦」には原因なんてないのです。

さまざまな因縁があるだけです。

そして、その八万四千の因縁の一つ一つを変えることはできないのだから、そのまんまにしておけばよいのです。「南無そのまんま・そのまんま」と唱えつつ、苦しんでいればよい。苦しみを軽減させたい、苦しみをなくしたいと思わず、じっくり苦しめばよいのです。

それが大乗仏教の考え方です。

ともかく、日本の学者たちによる「四諦」の小乗仏教的解釈はまちがっています。釈迦は、苦を苦のまんまに生きなさいと教えられたのであって、苦をなくしなさい、苦を克服しなさいと教えられたのではありません。よく知られた話ですが、わが子を亡くして、

「どうかこの子の生き返る薬をつくってください」

と訴える母親に、釈迦はその薬の原材料となる芥子種《からしだね》を、それも死者を出したことのない家から貰って来るようにと命じられました。その母親はあちこち奔走して、死者を出したことのない家を探すのですが、最後にはどの家もどの家も「愛別離苦」の苦しみに生き

ていることを自覚して、安らぎを得ます（『テーリーガーター・アッタカター』）。これが釈迦の教えられたことです。わが子を失って悲しみ、苦悩する母親に、

「あなたは、悲しみ、苦しみのままに生きなさい」

と教えられたのです。小乗仏教的解釈はまちがっています。わたしたちはそのことをよくよく心にとどめておくべきです。

5

「苦」の原因の滅

▼「苦」と友だちになる

「四諦」の第三は「滅諦」です。苦の原因の滅に関する真理です。これはまた、なかなか厄介な問題です。日本の仏教学者はまちがった小乗仏教的解釈をわたしたちに押し付けますが、それは釈迦の教えではありません。

まず、小乗仏教的解釈を紹介します。

われわれの人生は「苦」であるというのが第一の「苦諦」で、その「苦」には必ず原因があるというのが第二の「集諦」でした。そこで小乗仏教では、その「苦」を滅すれば「苦」もなくなると説きます。それが第三の「滅諦」です。

ちょうどこれは、医療において、われわれが病気になるのは、外部から細菌やウイルスが侵入したからであって、その細菌・ウイルスという病源をやっつければ、病気が治り、健康を取り戻せる——といったアナロジーになります。これは、近年の西洋医学の考え方です。

このアナロジーは、「インベーダーによる病気」に対してはある程度当てはまります。しかし、「老化による病気」や精神病に対しては、このように考えることはできません。なぜなら、後者の病気は自分自身が変化したのであって、病気と闘う、病気をやっつけるということは、自分自身と闘い、自分自身をやっつけることになってしまうからです。病気になる原因は生きていることだ、と考えるようなものです。

では、「苦」は外部からわれわれに侵入して来るインベーダーでしょうか。そうではありませんよね。わたしたち自身が苦しんでいるのです。その苦しみを除去しようというのは、わたし自身を否定することになります。こんな苦しみをなくしたいというのであれば、苦しんでいる自分そのものをなくすことであり、自殺する以外にありません。

いや、苦しみをなくすのではなしに、苦しみの原因をなくすのだ。そう反論されるかもしれませんが、前章で見たように、苦しみの原因が一つか二つあって、その一つか二つかをなくせばいいというのではありません。小乗仏教はそう教えるでしょうが、それはまちがっています。「苦」には八万四千の因縁があるのです。その八万四千の因縁を全部なくせば、わたしという存在がなくなってしまいます。そもそもわたしという存在は、因縁の集合体なんです。八万四千の因縁が寄り集まって、「わたし」という存在があり、その「わたし」という存在が苦しんでいるのです。

だから、苦しみの原因を滅すればいいという小乗仏教的解釈は大まちがいです。

では、どうすればいいのでしょうか？

大乗仏教の考え方は、これまで繰り返し述べたように、

――南無そのまんま・そのまんま――

です。わたしたちは苦しみのまんま生きればよいのです。苦しみを克服しようとすれば、よけいに苦しくなります。苦しみのまま生きればよい。引き籠もりの青年は、もうしばらく引き籠もりを続けるよりほかありません。引き籠もりを克服しようとすれば、ますます症状が苦しくなります。

病気になれば、病人として生きるよりほかありません。

わたしは、病人は、病気を友だちとして生きればよいと思います。以前、統合失調症の患者に助言したことがあります。その当時は、病気は精神分裂病と呼ばれていたのですが、「きみね、病気と闘ってはだめだよ。病気と友だちになり、病気と仲良くしなさい」

と言いました。もっとも、助言通りにそう簡単にできるものではありませんが、わたしはあらゆる病気に対して、われわれは友人になるべきだと思います。

いや、病気ばかりではありません。たとえば貧乏に対して、わたしたちは貧乏を毛嫌いして、貧乏を追い払おうとしてはいけない。貧乏をやっつけようとすれば、ますます自分が惨めになります。それよりは、貧乏と友だちになるべきです。それが大乗仏教の考え方です。

▼逆は必ずしも真ならず

さて、小乗仏教は、「苦」の原因は欲望であり、その欲望を滅却すれば「苦」がなくなる――と（まちがいを）教えていますが、ここでわたしたちはちょっと論理学の勉強をしましょう。いささか面倒なことを言うことになりますが、ちょっと辛抱して聞いてください。

原因と結果に関する問題です。

まず、「風が吹けば、花が散る」としてください。これは「風が吹く」という原因によって、「花が散る」という結果が生じると言っているのです。まあ、これは正しいですよね。

では、「風が吹けば、花が散る」のですが、「風が吹かなければ、花は散らない」は正しいでしょうか？　そんなことはありませんね。風が吹いていなくても、誰かが樹の幹をゆすれば花は散ります。小鳥が枝にやって来れば、花が散ることもあります。だから、「風が吹けば、花が散る」が正しいとしても、「風が吹かなければ、花は散らない」は正しくはありません。

論理学的には、

「風が吹けば、花が散る」（$P \supset Q$）

という命題に対して、

「風が吹かなければ、花は散らない」（$\bar{P} \supset \bar{Q}$）

を裏命題といいます。裏は必ずしも真ではないのです。それから、逆は必ずしも真ならずといわれていますが、逆命題というのは、

「花が散っているのは、風が吹いているからだ」（$Q \supset P$）

というものです。誰かが樹の幹をゆさゆさとゆすっていれば、風が吹いていなくても花は散ります。だから、逆は必ずしも真ではないのです。

これだけのことを知っておいていただければ、以下の考察には十分なのですが、せっかくだからちょっとよけいなことを言います。論理学では対偶《たいぐう》ということを言います。これ

は原命題である「風が吹けば、花が散る」（$P \supset Q$）に対して、

「花が散っていないときは、風が吹いていない」（$\tilde{Q} \supset \tilde{P}$）

といった命題です。そして、この対偶は必ず正しいのです。すなわち、逆も裏も必ずしも正しくないのですが、対偶は必ず正しいのです。その点を勘違いしないでください。

で、元に戻ります。

小乗仏教をやけに持ち上げる学者たちは、苦の原因は欲望であるとしました。すなわち、「欲望があるから、苦が生じるのだ」としたのです。本当は、「八万四千の因縁によって、苦が生じるのだ」とすべきなんですが、ここではいちおう、

「欲望があるから、苦が生じる」（$Y \supset K$）

という命題を正しいことにしておきましょう。

ところが、小乗仏教系の学者たち（大部分の仏教学者がそうなんですが）は、この原命題に対して、「四諦」のうちの「滅諦」を、

「欲望をなくせば、苦がなくなる」（$\tilde{Y} \supset \tilde{K}$）

と解釈してしまった。つまり、裏命題を正しいとしたのです。それが小乗仏教系の仏教学者の完全なまちがいです。また、逆命題である、

「苦しむのは、欲望があるからだ」（$K \supset Y$）

といった解釈もまちがっています。

だって、考えてみてください。いくら無欲な人でも、地震や津波に遭えば苦しむのです。福島の原子力発電所事故の被害に苦しんでおられる人に向かって、

「おまえたちは欲に狂っているから、こういう苦しみに遭うのだ」

と言いますか⁉　小乗仏教的な解釈はまちがいそのものです。そんな仏教学者の言うことを、われわれは信じないでおきましょう。

▼第二の矢を受けるな！

この点に関して、釈迦はわたしたちに、

――第二の矢を受けるな！――

と教えておられます。『サンユッタ・ニカーヤ』（三六の六）に出てくる有名な話です。取意訳で紹介します。

「修行僧たちよ、いまだ教えを聞かぬ人々だって、楽受《らくじゅ》を受け、苦受《くじゅ》を受け、非苦非楽受《ひくひらくじゅ》を受ける。すでにわたしの教えを聞いた弟子たちも、同様に楽受を受け、苦受を受け、非苦非楽受を受ける。では、まだ教えを聞かぬ人々と、すでに教えを聞いた人々との違いは、いったい何であろうか？」

ここで〝受《じゅ》〟というのは、人間が外界の対象と接したときに感じる感覚・感情をいいます。美しい花を見て〈美しいなあ、いいなあ〉と思うのが楽受で、痛い目にあって〈苦しい〉と思うのが苦受です。非苦非楽受というのは、〈楽しい〉とも〈苦しい〉とも感じない感覚です。釈迦は弟子たちにこのような試験問題を出したあと、その解答を説明されています。

「いまだ教えを聞かぬ人々は、苦受を受けると、歎き悲しみ、混迷の度合いを深める。それは、第一の矢を受けたあと、第二の矢を受けるのと同じである。しかし、すでに教えを聞いた人々は、苦受を受けても、いたずらに嘆き悲しみ、混迷を深めることはしない。わたしはそれを、第二の矢を受けずと言う」

釈迦はそのあと、楽受についても同様の説明をされています。

わたしたちは、たとえば子供を亡くしたとき、悲しみ、苦しみます。それは、仏教を学んでいようが/いまいが、同じです。誰だって悲しみ、苦しむのです。釈迦は、それを「第一の矢」と呼んでいます。

ところが凡夫は、それに続いて第二の矢を受けるのです。第二の矢とは、なんとかしてその悲しみ、苦しみを克服し、軽減させようとすることです。そんなことをすれば、ますます悲しみ、苦しみは深まるばかりです。そんなことをしてはならない——と釈迦は、教えているのですよ。「苦」の「滅」なんて、釈迦は言っていません。欲望を滅却することによって苦しみを除去できる——なんていった小乗仏教的解釈は、まったく馬鹿げています。

第二の矢を受けるな——ということは、悲しみに出会ったとき、苦しみに出会ったとき、わたしたちはただ悲しみ、ただ苦しめばいいのです。すんなりと悲しみ、すんなりと苦しむ。それが、釈迦が教えてくれた助言です。わたしはそう考えます。

江戸時代の禅僧に白隠（一六八五—一七六八）がいます。彼は臨済宗中興の祖とされています。話は、その白隠に禅を学んだ阿察《おさつ》という老婆に関するものです。

阿察の孫娘が死んだとき、彼女は棺桶にしがみついて「おい、おい」と泣いています。周りの人が、

「阿察さん、あんたは白隠禅師からお墨付きをいただいたほどの人じゃないか。そんなに泣くなんて、みっともないよ」

と忠告しました。すると彼女は、

「やかましい！　わたしはいま、真珠の涙を流しているのだ！　おまえらの流す涙と違っているのだ！」

と言いました。そんな話が伝わっています。

わたしたちは、第一の矢を受けて、「おい、おい」と泣く。それでいいのです。それが、釈迦の教えたかったことだと思います。

▼散った花は枝に戻らない

それから、これはあたりまえのことですが、いったん散った花は、再び元の枝に戻りませんよ。

ところが、その辺のところを、どうもわたしたちは明らめていないようです。風が吹いて散った花を、われわれが欲望を滅却することによって、再び元の枝に戻せるかのように錯覚しています。そして、元に戻そう、戻そうとして四苦八苦しています。

あなたは浮気をしました。その結果、離婚の危機に直面しています。離婚の原因は、あなたの浮気にあります。

そこであなたは、以後浮気をやめれば、離婚しないですむかのように考えます。まったく愚かな考え方です。

いいですか、

「(過去に)あなたは浮気をしたから、(現在)離婚の危機に直面している」

のです。そこであなたは、

「(これからの未来に)浮気をやめるから、(過去の)浮気を取り消せる」と考えているのです。そんなことは、時計の針を過去に戻そうとしていることです。いかに愚かな考え方であるか、お気づきになりましたか。

したがって、わたしたちは原因追究をしたところで、なんにもならないのです。過去のことをあれこれほじくったところで、問題解決にはなりません。風で散った花を、元の枝に戻すことは絶対にできません。

では、どうすればよいか?

どうすればよいかについては、次章のテーマです。次章において、どうすればよいかをじっくり考えることにしますが、差し当たって言っておきたいのは、

――あなたは苦しむよりほかない――

ということです。いろんな因縁があって、現在、あなたは苦しむはめになったのですから、その苦しみから逃げようとせず、しっかりと苦しめばいいのです。いくら逃げ回っても、苦しみがなくなるわけがないのですから。

ここで釈迦の言葉を紹介します。

過去を追うな。

未来を願うな。
過去はすでに捨てられた。
未来はまだやって来ない。
だから現在のことがらを、
現在においてよく観察し、
揺らぐことなく動ずることなく、
よく見きわめて実践すべし。
ただ今日なすべきことを熱心になせ。
誰か明日の死のあることを知らん。（『マッジマ・ニカーヤ』一三一）

わたしは自著に必ずといってよいほど、この釈迦の言葉を引用します。釈迦の教え、その釈迦の教えである仏教を学んでわたしたちがこの苦悩の人生をどう生きればよいか、その基本となる姿勢がここに要約されていると思われるからです。

過去を追うな——というのは、原因追究なんてやめなさいということです。なぜわたしたちが苦しまねばならないのか？　そんなことは、いくら考えたって分かりませんよ。まあ八万四千の因縁があって、現在このようになったのだと思えばいいのです。過去のこと

をくよくよ考えないでいましょう。そこでわたしは、これを、

——反省するな！——

と言っています。いくら反省しても、散った花は元に戻りません。

そして、未来を願うな！　です。これは、

——希望を持つな！——

ということです。苦しみを除去して、もっと楽になりたいと願ってはいけません。楽になりたいと願えば願うほど、ますます現実が苦しくなります。苦の原因の滅なんて考えずに、苦しいときは苦しみに生きればいいのです。

それが釈迦からのアドバイスです。

でも、「はい、分かりました。今後わたしはそのように生きます」とはなりませんよね。どうすれば現在をしっかりと生きることができるか？　それは第Ⅱ部において考えることにします。

6

釈迦が教える生き方

▼苦しみのまま生きればよい

「四諦」の第四は「道諦」です。小乗仏教的にいえば、「苦」の原因を滅する方法に関する真理です。そして、医療とのアナロジーでいえば、これは病気の治療になります。

われわれわれは病人を診察して、彼が風邪を引いていると診断します。それが「苦諦」。そして次にその病気の原因を調べます。それが香港A型のウイルスによるものだと決定する。それが「集諦」です。原因が分かれば、その香港A型のウイルスをやっつければよいと決定できます。その段階が「滅諦」です。そしてその上で投薬やその他による治療にかかります。その治療の段階が「道諦」です。

さて、その治療に関しては、わたしにこんな思い出話があります。

もう五十年も昔の話です。わたしは風邪を引いて、街の小さな医院に行きました。老人の医者が診察してくれました。そのあと、わたしはじっと待っていたのですが、受付はわたしの名前を呼びません。それで受付の女性に「薬はまだですか？」と尋ねると、「さあ、分かりません。先生に訊いてください」との返事。わたしは再び診察室に入って、老医師に尋ねました。老医師は、

「さっき、おまえは〝風邪を引いている〟と言っただろう。風邪ぐらいの病気で、薬を服《の》む馬鹿がいるか⁉　じっと寝ていれば治るんだ」

と、わたしを叱ります。わたしは薬屋の息子ですから、老医師の言うことを〈もっともだ〉と思いました。

一週間もしないうちに、風邪は全快しました。

われわれ現代日本人は、病気になると治療しなければならないと思っています（正確にいえば、思い込まされています）が、そんなことはありません。ほとんどの病気は、治療する必要がないのです。

わたしは五十三歳のとき、四十肩になりました。あれは五十肩ともいいます。正確にいえば、肩関節周囲炎です。それで医院に行ったのですが、大阪に住んでいる母に電話でそ

の話をすると、

「四十肩や五十肩ぐらいで、病院なんかに行かんでもええ。あれは〝日《ひ》にち薬〟で治るんや」

と叱られました。〝日にち薬〟とは、時間がたてば自然に治る、時間が薬になるのだ、といった意味です。母の言う通りで、たった一度医院に行っただけで、あとは時間がたったら自然に治っていました。

じつは、人間の体には自然治癒力が備わっています。ほとんどの病気を自然に治癒させる力があるのです。本来の医療は、人間のその自然治癒力が低下したとき、それを補うのが目的でした。それなのに現代医学は、あたかも医学が病気を治すかのような幻影を振り撒《ま》いています。おかしなことです。

小乗仏教系の仏教学者が、「四諦」を医療のアナロジー（類似）でもって解説するもので、思わず医療の話をしてしまいました。しかし、これは重要なことです。わたしたちは病気になっても、なにも医療のお世話になる必要がないのと同じく、苦しみに遭遇しても、その苦しみを克服する必要はありません。じっと苦しみに耐えていれば、いつのまにか「日にち薬」がその苦しみを忘れさせてくれます。これが大乗仏教の考え方です。つまり大乗仏教は、苦しみを除去するのではなしに、

――苦しみのまま生きる――

ことを教えています。そしてそういう視点から「四諦」、とくに「道諦」を解釈します。
わたしたちはそういう角度から、あらためて「道諦」を考察しましょう。

▼「正」よりも「明」

じつは、小乗仏教的には、「道諦」を、

――八正道――

でもって解説します。これは、苦の滅に導く八つの正しい実践徳目です。

その八つは、

1　正見《しょうけん》……正しいものの見方、
2　正思《しょうし》……正しい思惟、
3　正語《しょうご》……正しい言葉使い、
4　正業《しょうごう》……正しい行為、
5　正命《しょうみょう》……正しい生活、
6　正精進《しょうしょうじん》……正しい努力、
7　正念《しょうねん》……正しい注意力、

8　正定《しょうじょう》……正しい精神統一、
です。いずれも〝正〟の字がついています。

ところが、この「正しい」ということが大問題です。白川静『字統』（平凡社）によると、漢字の〝正〟という字の起源が左の図であって、次のように解説されています。

《正字は一と止《し》とに従う。一は囗《い》、城郭にかこまれている邑《まち》。止はそれに向って進撃する意で、その邑を征服することをいい、征《せい》の初文。正が多義化するに及んで、征の字が作られた。正はもと征服を意味し、その征服地から貢納を徴することを征といい、重圧を加えてその義務負担を強制することを政《せい》という。そしてそのような行為を正当とし、正義とするに至る》

いいですか、城壁で囲まれた都市（囗）があって、それを軍隊でもって攻撃し、勝ったほうが正義になります。つまり勝てば官軍なんです。正義とはそういうものです。たとえば、アメリカは日本の広島・長崎に原子爆弾を落とし、何十万という無《む》辜《こ》の民を殺傷しました。あれは明らかに戦争犯罪です。だが、アメリカは勝ったもので正義になり、日本が不正義になりまし

た。もしもアメリカが負けていれば、アメリカは原爆を落としたことで国際法違反になり、アメリカの大統領が死刑になった可能性もあります。

それが正義というものです。わたしは、どうも「正」「正しい」という考え方が好きになれません。

それよりは「明」のほうがいいと思います。すなわち「明らめる」ことです。この〝明〟という漢字も、本来は〝朙〟と書いたのです。そして〝囧《けい》〟は窓の意味です。窓から差し込んでくる月明かりが「明」です。その〝囧〟が略されて〝日〟となったのです。

はじめわたしは「日」と「月」が合わさっているから「明」だと思っていました。そうではなしに窓からの月明かりが「明」なのです。したがって、太陽光線の下で恋人の肌を虫眼鏡で拡大して見るのではありません。そんなことをすれば、どんな美人の肌も汚なく見えます。窓から差し込む月の光で見たとき、ほんのりと美しく見えるのです。そういう見方が、わたしは「明らめる」ことだと思います。

「八正道」というのも、「正しい道」ではなしに、「明らめる道」でなければならないとわたしは思うのです。

▼八つの正しい道

ですから、最初の「正見」も、これは「正しい見方」ではなしに、「明らめる見方」なんでしょう。他人の欠点を虫めがねで拡大してはいけません。いくらそれが正しいことであっても、そのような正義を仏教は嫌います。他人の欠点は、月明りでもってぼんやりと見ること。それが大乗仏教的な意味での「正見」です。

では、他人の美点に対してはどうでしょうか？　じつは美点も欠点も、わたしたちは自分勝手な都合で見ているのです。おっとりとした人といえば美点になります。しかし、それが見方が変われば、のろまな人になります。したがって美点も欠点も、あまり厳格に見ないほうがよいのです。

わたしたちは他人を見るとき、裁判官の立場になって見てしまいます。いや、裁判官の立場ならまだしも、検察官の立場に立つのです。他人を罪人と見る。それが「正見」ではないのです。むしろ弁護人の立場になって他人を見る。「正見」とは、そのような見方でなければならないと思います。

次の「正思」は、正しい思惟です。

人間関係がこじれたようなとき、こちらがちょっと謝罪すれば、相手がすぐにわたしを許してくれるかのように考えます。でも、それは正しい考え方ではありません。場合によっては、

〈俺がこんなに謝っているのに、あいつは頑固な奴だ。あんな奴とは二度と会いたくない〉

と思うようになります。なまじ謝ったことにより、よけいに対立がひどくなるのです。いったん散った花は、二度と再び枝に戻りませんよ。散った花を元に戻そうとするから、苦しみが増大するのです。「散った花は元に戻らない」と明らめるのが「正思」です。

では、どうすればよいでしょうか？〈どうすればよいか？〉と考えること自体が、問題を解決しようとしているのであって、明らめていないのです。いったんこじれた人間関係は修復できないと明らめて、そのまま、そのこじれ・対立・不和を拡大しないように注意しながら生活していればいいと思います。会わないですむ相手であれば、会わずにいることもこじれを拡大させない方法でしょう。そのように考えるのが「正思」です。

「正語」は正しい言葉です。

たとえば、わたしたちは一九四五年八月十五日の日本の敗戦を〝終戦〟と呼んでいます。

日本は連合国に負けたのです。明らかに敗戦です。それを〝終戦〟（戦争が終わった）と呼ぶのはまちがいです。そんなまちがった言葉を使っているから、敗戦に対して責任を取るべき者がのうのうと敗戦後ものさばって生きていたのです。わたしたちは言葉を正しく使わないといけません。それが「正語」です。

そういえば〝公害〟といった言葉もあります。でも、あれは私企業がやった環境破壊であり、被害でしょう。だから〝私害〟と呼ぶべきです。これも「正語」ではありません。けれども、「正語」の名のもとに、他人を糾弾してはいけません。わたしたちは他人の悪口を言っておいて、

「でも、これは本当のことなのよ。嘘ではないのだから……」

と、悪口を相手の責任にしてしまいます。そんな「正語」であれば、言わないほうがよいのです。

釈迦が言っておられます。

自分を苦しめない言葉、また、他人を傷つけない言葉のみを語れ。（『ウダーナヴァルガ』八・一二）

自分を苦しめず、また他人を害しない言葉のみを語れ。それが善い言葉である。好ましい言葉のみを語れ。それは相手に喜んで受けいれられる言葉である。相手にいやがられる言葉は避け、相手に好ましい言葉を語るようにしたほうがよい。（『スッタニパータ』四五一、四五二）

このような釈迦の教えから考えて、わたしは「正語」とは言う必要のある言葉だと思います。いくら嘘ではない、本当のことだといっても、それを語る必要のないときは語らないほうがよいのです。したがって釈迦の教えは、

——言う必要のない言葉を慎しめ！——

になると思います。「正語」をそのように解釈したらいいでしょう。

次は「正業」。正しい行為です。

〝業〟という語は、サンスクリット語で〝カルマン〟といい、人間の身体・言語・心の働きをいいます。したがって「行為」の意味です。ところが、わたしたちが何かの行為をすれば、それは必ず次の行為を行わしめる力（潜在的な余力）を持っています。その力をも「業」といいます。

たとえば、一杯の酒を飲みます。そうするとほんの少しですが酔いの状態になります。その酔いがさらに一杯の酒を飲みたくさせ、そして次の一杯を飲めばさらに次の一杯を飲まずにはおれなくさせるのです。だから昔の人は、

「一杯目は人が酒を飲み、二杯目は酒が酒を飲み、三杯目は酒が人を飲む」

といったのです。これが飲酒の持つ業なんです。

そして仏教は、

――善因善果、悪因悪果――

ということを言っています。善いことをすれば善い結果が生じ、悪いことをすれば悪い結果になると言うのです。では、あなたが満員電車で老人に席を譲った。善いことをした。するとあなたは宝くじに当たりますか。そんなことはありませんね。

この「善因善果、悪因悪果」は、じつはあなたが老人に座席を譲ったという善をすれば、次の機会に「さあ、どうぞ」と席を譲れるようになるということです。われわれが人に親切にすることは、照れもあってなかなかむずかしいのですが、一度でも親切をすれば、次にまた親切がやりやすくなる。それが「善因善果」です。「悪因悪果」は、それと同様に、一度でも悪いことをすれば、次に悪いことをしやすくなるということです。嘘をつくことがそうです。最初はなかなか嘘をつけませんが、一度嘘をつけば、次に嘘をつくのが簡単

になります。

ですから「正業」というのは、あらゆる行為がこれ一回きりのものではなく、必ずあとに尾を曳くものだと思って行動することです。絶対に悪いことをするな——とは言いません。わたしたちは弱い人間ですから、ときには悪いことをしてしまいます。しかしそのとき、仏に赦しをこいながら、ちょっと悪いことをさせていただく。あるいは、すでにしてしまった悪いことであれば、「すみません」と仏に懺悔《さんげ》する。わたしはそのように行為することが、「正業」だと考えます。


その次は「正命」。正しい生活をすることです。


そして第六に「正精進」。これは正しい努力です。

努力というものは、すればよいというものではありません。正しい努力をすべきです。あるいは、正しく努力すべきです。

正しい努力というものは、がんばってはいけないということです。

甲子園の高校野球で、選手が優勝を目指してがんばって練習する。そのようながんばりは「正精進」ではありません。一流大学合格を目指して、高校生が受験勉強にがんばるのも、「正精進」ではありません。がんばるのではなしに、のんびり・ゆったり・楽しく練習をする、勉強をするのが「正精進」です。

この前の「正命」にも関係しますが、われわれ現代日本人は、あくせく・いらいら・がつがつと働いています。それは「正命」ではないのです。のんびり・ゆったり・楽しく働くのが「正命」です。のんびり・ゆったり・楽しく努力するのが「正精進」です。わたしはそう思います。

仏教講演会で、わたしは、

——がんばるな！——

といった主旨の話をします。講演が終わったあと、主催者代表からの謝辞があり、その代表が、

「わたしたちはただいまのひろ先生のお教えをよく肝に銘じて、これからはがんばらないようにがんばります」

と言われた。会場は大爆笑でしたが、彼は笑われていることにすら気づいていなかったようです。あれはおもしろかったですね。

第七は「正念」です。これは正しい注意力といえばよいでしょう。不注意でぼんやりし

ていることの逆です。

あるいは「正念」は、仏教の教えを常に念頭に置いて忘れずにいることです。わたしなどは偉そうなことを書いたり喋ったりしているくせに、ついそれを忘れて、教えに反することをしてしまいます。そして、あとで〈しまった！〉と思うのですが、もう遅い。常に教えを念頭に置いていることはむずかしいですね。

最後は「正定」です。いちおうこれを正しい精神統一としておきましたが、あまりにも過度な精神統一はむしろ危険です。わたしはむしろ、心をのんびり・ゆったりさせることが「正定」だと考えています。

以上は、小乗仏教が教える八正道を、大乗仏教の考え方を加味しながら解説しました。そもそも釈迦は「四諦」と「八正道」を説かれたのですが、それは小乗仏教的解釈ではなしに、このような大乗仏教的考え方にもとづいて説かれたと思います。わたしの解説のほうが、釈迦の真意を汲んでいると自信を持っています。

▼大乗仏教と小乗仏教の考え方の違い

小乗仏教は、釈迦の教えを歪めた仏教です。釈迦は、あらゆる人がその教えを実践できる仏教を説かれたのに、彼らはそれを歪めて、出家者だけが実践できる仏教にしてしまったのです。

ところで、風が吹いて散った花は、二度と再び元の枝に戻るわけがないことは、小乗仏教徒だって知っています。だが、小乗仏教徒は、まあ花が散ったのは仕方がないが、二度と再び花を散らさないようにしようと考えました。そこに彼らの誤りがあります。

これを医療のアナロジーで考えてみましょう。

わたしたちが暴飲暴食をして胃をこわしました。暴飲暴食が原因で病気になったのですが、それが治ったあと、小乗仏教徒は再び病気にならないようにしようと考えた。そこで彼らは、暴飲暴食を慎しみ、規則正しい生活をするために入院患者になりました。それが小乗仏教です。

あるいはがん患者の例で考えてみます。がんはインベーダー（細菌やウイルス）による病気ではありません。したがって、それを完全に治すことはできませんが、小乗仏教徒はがんの治療のために入院患者となったのです。現在、がんに対する処置としては、

薬剤（抗がん剤）による化学療法――

がん細胞の剔出《てきしゅつ》手術――

放射線療法――

がありますが、彼らは入院してその治療を受けるのです。

これが小乗仏教のやり方・考え方です。入院患者となることは、妻子と職業を捨てて出家して、出家者すなわちホームレスになることです。しかし、日本のお坊さんは出家者ではありません。結婚して家庭を営み、所得税を払っている出家者なんていません。日本のお坊さんは、れっきとした職業人です。いかなる職業か？　葬祭業だなんて悪口は言わずにおきます。あれれ、言っちゃった――。

この小乗仏教の入院患者になるやり方に対して、大乗仏教は通院患者となるやり方を採用します。わたしたちは世俗の生活を営みながら、仏教を学ぶのです。ですから、大乗仏教ではあまり病気の治療なんて考えません。むしろ病気と仲良くしながら、病気を友だちとして生きる。そういう生き方が大乗仏教的です。

がんになって、一生懸命がんを克服しようとするのが小乗仏教です。彼らはがんと闘いながら生きます。そういう生き方の処方箋が「八正道」です。彼らは苦を滅却させるべく必死になっています。

大乗仏教は病気と闘おうとはしません。苦しみをなくそうなんて思わない。むしろ病気と仲良くしながら、苦と友だちになりながら生きていこうとします。わたしたちは「八正道」を、そういう大乗仏教的立場から解釈すべきです。先に述べたのが、そのような解釈です。

▼「中道」の生き方

そこで、大乗仏教の考え方を一口で言えば、わたしは、

——中道——

になると思います。そして、「中道」とは何か？　わたしはそれを、

——いい加減——

という言葉にパラフレーズ（置き換え）しています。

大乗仏教は、問題を解決しようとしません。病気を無理に治そうとしないのです。あらゆる問題が八万四千の因縁によって生じています。問題を解決しようとすれば、その八万四千の因縁を変えねばなりません。そんなこと、できるわけがないじゃありませんか。ですから、わたしたちはそのまんまで生きることを考えます。問題は解決できないのだから、問題のあるそのまんまでいいではありませんか。病気のまんまでいいではありませんか。

あなたが貧乏であれば、貧乏のままでいいのです。

劣等生は劣等生のまんま、のんびり・ゆったり・明るく・楽しく生きればいいのです。引き籠もりは引き籠もりのまんま、怠け者のまんまでいいのです。がんばって生きてはいけません。

いい加減がいいのです。

〝いい加減〟といえば、人々は中途半端な態度を連想します。「そんないい加減なことをしてはいけません！」と、叱りの言葉に使われます。だが、お風呂の湯加減がいい加減だと言うとき、熱い湯の好きな人には熱い湯が、ぬるい湯の好きな人にはぬるい湯がいい加減な湯加減です。決して中途半端なぬるま湯ではありません。

したがって、それぞれの人にそれぞれのいい加減があります。わたしはわたしのいい加減を生きる。あなたはあなたのいい加減を生きる。そのいい加減こそ「中道」です。

釈迦の教えは「中道」にありました。「中道」こそ、仏教の生き方の真髄になります。

あるとき、ソーナという弟子が極端に張り詰めた修行し、その結果スランプになったとき、釈迦は彼に教えています（『アングッタラ・ニカーヤ』六、五五）。

「ソーナよ、琴の絃《いと》はあまり強く張っても、逆に弛《ゆる》めすぎても、いい音が出ない。修行は、刻苦にすぎても、弛緩にすぎてもいけないのだよ。そなたは中道をとるべきだ」

と。

だからわたしたちは「中道」を歩むべきです。

けれども、「中道」というものは、二つを足して二で割ったようなものではありません。十メートルの道幅の真ん中が「中道」だと思っていれば、その真ん中がいつのまにか極端になってしまいます。「中道」はいつも動いているのです。わたしたちは常に「中道」を見つけて、その「中道」を歩むのです。それが、釈迦に教わるわれわれの生き方なんだと思います。

II

いい加減に生きよう

7

六波羅蜜——菩薩の実践

▼大乗仏教徒としての生き方

人生は「苦」である——「一切皆苦」——と釈迦は言いました。この世において、すべては思うがままにならないことなんです。それが釈迦の教えであり、仏教の基本原理です。にもかかわらず、釈迦の入滅後の弟子たち（小乗仏教徒）は、苦の克服を企図しました。苦の原因は欲望にあるから、その欲望を滅却すれば、結果として苦はなくなると考えたのです。まことに愚かな考え方です。

だが、大乗仏教は原因なんて考えません。すべては因縁によるものだと考えます。物事がこうなったのは、八万四千の因縁による。それが大乗仏教の基本スタンスです。

だとすれば、われわれは、八万四千の因縁を全部変えることはできませんよね。因縁を変えられないのであれば、因縁の結果である「現状」――現在ある状態――をそのまま生きるよりほかありません。「現状」は仏からいただいたものとして、それをしっかり生きるよりほかない。「現状」をしっかりと生きていれば、状態が少しずつ変化するでしょう。その変化は、われわれは、やはり仏がはからってくださったものと信じて、これまたそのまんまに生きるのです。

それが、大乗仏教徒としての生き方になります。

わたしたちはこの第Ⅱ部において、そういう大乗仏教徒としての生き方を考察することにします。

なお、言っておきますが、「生き方」といっても、「人生の生き方」と「生活・暮らしの方途」と、二つあります。後者はいわゆるハウ・ツーです。「どうすれば相続税を少なくすることができますか?」「定年後、妻とうまくやっていくには、どうしたらよいのでしょうか?」といった質問が生活・暮らしの問題です。まさか仏教にそのような質問を寄せられるとは思いませんが、実際はこの手の質問が多いのです。わたしもこれまでそうした相談に解答を求められたことが数多くありました。

ですが、生活・暮らしの問題は、仏教の守備範囲ではありません。わたしたちは仏教者らしい生き方ができればそれでいいので、生活技術の問題はどうだっていいのです。

その点に関しては、浄土宗の開祖の法然が次のように言っています。

現世をすぐべき様は、念仏の申されん様にすぐべし。念仏のさまたげになりぬべくば、なになりともよろづをいとひすて丶、これをとゞむべし。いはく、ひじりで申されずば、めをまうけて申すべし。妻をまうけて申されずば、ひじりにて申すべし。住所にて申されずば、流行して申すべし。流行して申されずば、家にゐて申すべし。自分の衣食にて申されずば、他人にたすけられて申すべし。他人にたすけられ申されずば、自力の衣食にて申すべし。一人して申されずば、同朋とともに申すべし。共行して申されずば、一人籠居して申すべし。衣食住の三は、念仏の助業也。(『禅勝房伝説の詞』)

——現世の暮し方は、念仏ができるように生きたらいい。念仏の妨げになることはやめたほうがいい。すなわち、聖《ひじり》で念仏しにくいのであれば、妻帯すればいいし、妻帯して念仏できないのであれば、聖になればよい。家に住んでいて念仏できないのであれば、遊行者になればいい。遊行で念仏できないのであれば、家に住めばいい。自活で念仏できないのであれば、他人の世話になればいいし、他人の世話になりながら念仏できないのであれば、自分で生活費を稼いで念仏すればよい。一人で念仏できないのであれば、仲間と一緒に念仏すればいい。皆と一緒では念仏できないのであれば、独り閉じ籠もって念仏すればよい。衣食住の三つは、みな念仏を助けるものだ――

法然は、「念仏ができるように生きたらよい」と言っています。彼にとっては、念仏が仏教者らしい生き方になります。生活・暮らし方はどうだっていいのです。前に述べましたね（三九ページ参照）、法然は遊女に対して、そのまんまで念仏を称えなさいとアドバイスしています。そりゃあね、遊女をやめることができればやめたほうがよい。生活の問題は改善の余地があります。しかし、法然は、そんな生活の問題には関与しません。さまざまな因縁があって遊女をやめられないのであれば、遊女のまま念仏を称えればよいのです。それが仏教者らしい生き方です。暮らし方は、極端にいえばどうだっていいのです。

わたしたちは、そこで、この第Ⅱ部においては、仏教者らしい生き方とはどういうものかを考えることにします。

▼彼岸の智慧

さて、大乗仏教において、菩薩《ぼさつ》が実践すべき六つの徳目として、——六波羅蜜《はらみつ》——があります。菩薩というのは大乗仏教の修行者です。大乗仏教は本質的には在家仏教ですから、この菩薩は在家の仏教者だと思ってください。つまり、われわれ在家の仏教者が実践すべき徳目です。

具体的には、

1　布施波羅蜜……他人に施しを与えること、
2　持戒波羅蜜……戒を守ること、
3　忍辱《にんにく》波羅蜜……苦しみを耐え忍ぶこと、
4　精進波羅蜜……仏道の実践に努め励むこと、
5　禅定波羅蜜……精神を統一すること、
6　智慧波羅蜜……仏教の智慧を得ること、

です。

ところで、〝波羅蜜《はらみつ》〟といった言葉ですが、これはサンスクリット語の〝パーラミター〟

を音訳したもので、「彼岸に渡る」といった意味です。

わたしたちは、煩悩の世界である「此岸《しがん》」に住んでいます。そして苦しんでいます。対岸は悟りの世界です。その世界を「彼岸」と呼びます。此岸においては苦しむばかりです。だから、

――彼岸に渡りなさい――

と、仏教はわたしたちに呼びかけています。その彼岸に渡るためにわたしたちがやるべき実践が六波羅蜜です。

けれども、実際には彼岸に渡らなくていいのです。

なぜなら、彼岸に渡るためには、川を此岸から彼岸に泳いで渡らねばなりません。そのためには、われわれは裸にならねばならない。すなわち、着ている衣服を脱ぎ、財産も妻子も棄てて、真っ裸になって泳ぐのです。それは「出家」を意味します。ホームレスになるのです。そうでなければ泳いで渡れませんね。

それでいいのでしょうか？　小乗仏教は「出家せよ！　そうでなければ泳いで悟りの彼岸に渡れぬぞ」と説きますが、大乗仏教においてそんな出家主義は説けませんよね。だから大乗仏教は、泳いで彼岸に渡らなくてもよいと主張します。

では、どうするのでしょうか？　われわれは煩悩と迷いの此岸にいたままですが、その

此岸において、ちょっと彼岸の智慧を持つのです。その彼岸の智慧で現実世界を見る。それができれば十分です。なにも出家までしてわざわざ彼岸に渡らなくてもよい。そのように大乗仏教は言っています。

その彼岸の智慧を得るために、わたしたちが実践せねばならぬのが「六波羅蜜」です。したがって「六波羅蜜」は、われわれ在家の仏教者が実践すべき徳目です。

▼布施とは何か?

そこで、その「六波羅蜜」をざっと解説します。

最初に「布施波羅蜜」——

布施とは施しを与えることです。しかしこれはお恵みではありません。お恵みは、貰ったほうがお礼を言います。しかし、布施波羅蜜は、施したほうがお礼を言わねばなりません。なぜなら、施者は菩薩の実践として布施をしているのであって、施しを受けてもらうことによってそれが菩薩の実践になるからです。「貰っていただいてありがとう」と、口に出して言わなくてもいいですが、そういう気持ちで施したとき、それが布施行になっています。

イスラム教でもこの施しが重んぜられています。イスラム教では義務化された施しであるザカートのほかに、自発的になされるサダカという施しがあります。ザカートは、一定の課税率によって支払うもので、宗教税、救貧税というべきものです。仏教の布施に相当するのは、後者のサダカです。

それについて、ちょっとおもしろい体験があります。エジプトを旅行したときですが、物乞いに生きる路上生活者が通行人に向かって、

「ハーガ・リッラー、ハーガ・リッラー」

と呼びかけていました。普通は、「バクシーシ」（どうかお恵みを）といったペルシア語が使われるのですが、その「ハーガ・リッラー」がどういう意味か分かりません。それで通訳に尋くと、それはアラビヤ語で、

「アッラーの神にお返しください」

という意味だそうです。おまえさんが所有している物は、すべてアッラーの物であるぞ。その一部をアッラーに返せ！　わたしがそれを受け取ってやる。そう言っているのです。だから、わたしがちょっと布施をしても、彼はお礼を言いません。あたりまえですね。もしも彼がお礼を言わねばならないとすれば、それはアッラーに対してですね。人間にお礼を言う必要はありません。そういう理屈になります。

これは、インド人にも通じる考え方です。

そして布施波羅蜜においても、わたしたちは布施を受けてもお礼を言う必要はないのです。お礼を言わねばならぬとしたら、仏に対してでありましょう。さらに、施者が受者に対してお礼を言う。「貰っていただいてありがとう」と言う。そうなったとき、それがお恵みではなく布施波羅蜜になっているのです。そういうふうに考えてください。

それから、自分に余っている物、それがなくなっても困らない物を他人に施しても、それは真の布施になりません。日本人は、「これ、もう要らなくなったから、あなたにあげる」と言います。まあ、もっとも、相手がそれを貰っても、あまり気にしないように、気軽に受け取ってほしいといった相手に対する思い遣りの言葉ではありましょうが、自分に不要な物を人にあげても、それは真の布施ではありません。自分に必要な物、自分にとってそれがなくなっては困る物を施したとき、その施しが真の布施、すなわち布施波羅蜜になるのです。

だから、「長者の万灯より貧者の一灯」といった言葉があります。インドの阿闍世《あじゃせ》王が釈迦に万灯を寄進しました。そのとき、貧しい老女が食費を切り詰めて、わずかに一灯を寄進した。その翌日、王の寄進した万灯はすべて消えてしまったが、老女の一灯だけは消えなかった。そういう伝説があります（『阿闍世王受決経』）。王にとって万灯を寄進しても、生活に困りませんが、老女にとって一灯はただちに生活に響きます。しかし、それが真の布施なのです。

ということは、真の布施をするためには、極端にいえば自分の全財産を施さねばなりません。

でも、全財産を施すなんて、とてもわれわれには不可能です。

では、われわれに布施はできないのか⁉

たしかに、われわれには真の布施はできません。しかし、わたしが他人に施すとき、

「これは真の布施ではありません。本当はすべてを施さねばならないのですが、わたしにはそれができません。どうかわたしを赦してください」

と相手に謝りながら施しをさせていただく。そのとき、それが布施波羅蜜になるのだとわたしは考えます。

ともかく、布施はむずかしいですね。

▼破るためにある「戒」

第二の「持戒波羅蜜」は、戒を守ることです。

さて、日本語には〝戒律〟という言葉がありますが、サンスクリット語にはそんな言葉はありません。あくまでも〝シーラ（戒）〟と〝ヴィナヤ（律）〟です。「戒」と「律」と

は違ったものです。

「戒」は精神的な戒めです。サンスクリット語の〝シーラ〟は「習慣」といった意味で、わたしたちが善い習慣を身につけようというのが本来の戒です。たとえば、毎朝、歯を磨く習慣が身についた人は、なんらかの事情で歯磨きができないときは気持ちが悪くなります。それが習慣（戒）の力です。そういう善い習慣を身につけようというのが、戒の目的です。

だから、戒を破ったからといって、別段ペナルティが課せられるわけではありません。「あなたは今日、歯磨きをしなかったでしょう。では、千円の罰金を払いなさい」とはなりませんよね。戒というのは、自発的にそれを守ろうとする心掛けが大事なのです。

ところが、出家者である小乗仏教の僧たちは集団生活をしています。集団生活においては、誰か一人がかりに集会に遅刻すれば、他の全員に迷惑をかけます。あるいは誰かが嘘をつけば集団全体が困ります。それで、他人に迷惑を及ぼすような行為に対しては、それを規則でもって禁じ、規則違反をした者に対しては罰を加える必要があります。その規則と罰則が「律」なのです。

ですから、「律」は出家者だけに適用されます。

在家の人間には「律」はありません。

在家の人間に与えられるのは、ただ「戒」だけです。どうも日本人は、そこのところをあいまいにしているようです。つまり、「律」は小乗仏教だけにあるので、大乗仏教には「律」は不要です。日本仏教は大乗仏教なんだから、「律」なんてなくていいのです。そのことを主張したのは、わが国の天台宗の開祖の最澄（七六七―八二二）だけです。だから天台宗では、小乗仏教の二百五十戒を廃止しています。

まあ、それはともかく、われわれ在家信者に与えられているのは「戒」だけです。この「戒」は、在家も出家も守るべきものです。出家はその「戒」の上に「律」が課せられているのです。

で、その「戒」の基本となるのは、次の「五戒」です。

1 不殺生戒……あらゆる生きものを殺さない習慣を身につけよう。
2 不妄語戒……嘘をつかない習慣を身につけよう。
3 不偸盗戒《ふちゅうとう》……与えられない物を自分のものにしない習慣を身につけよう。
4 不邪婬戒《ふじゃいん》……淫《みだ》らな行為をしない習慣を身につけよう。
5 不飲酒戒《ふおんじゅ》……酒を飲まない習慣を身につけよう。

だが、この「五戒」を、われわれは完全に守ることはできません。最初の「不殺生戒」

は、たんに人を殺すなというのではなく、あらゆる生きものの命を奪ってはならないのです。ということは、牛や豚、魚を殺してはいけないばかりでなく、蝿や蚊、ゴキブリだって殺してはいけないのです。それだと、牛肉も豚肉も魚も食べられません。「いや、わたしは殺していない。殺された肉を買って来ただけだ」といった卑怯な言い逃れをしないでください。それじゃあ、自分は手を汚さず、手下に悪事を働かせるやくざの親分と同じです。あなたが殺させたのです。あなたが「不殺生戒」を犯しているのです。

妄語というのも、たんに人を騙す嘘だけではありません。おべっかを言う、お世辞を言うのも、広い意味での妄語になります。仏典には、よく、

《世尊は沈黙をもって諾《うべな》われた》

といった表現が出てきます。釈迦はかりに在家信者から招かれたとき、行けないときははっきりと「ノー」と言われます。けれども、その招待も受けるときには、「イエス」とは言われません。なぜか？　イエスはキリストだから、と言うのは下手なジョークですが、もしも「イエス」と答えて、どうしても行けなくなったとき、約束を破り、嘘をついたことになるからです。そこで沈黙でもって、招待を応諾されたのです。釈迦自身は、そこまで厳格に「不妄語戒」を考えておられたのです。

でも、わたしたち社会人は、そこまで厳格に「戒」を守れませんね。

そこでわたしは思うのですが、ひょっとしたら「戒」は破るためにあるのではないか、と。わたしたちは、厳密に言えば、どうしても「戒」を破らざるを得ない弱い人間です。だが、それでいいのです。そして「戒」を破ったとき、つくづくと自己の弱さを自覚し、仏に懺悔します。

「わたしは弱い人間です。〝戒〟を守ろうと心掛けているのですが、またしても破ってしまいました。お赦しください」

と仏に謝り、再び「戒」を守ろうと努力します。

そして、自分が弱い人間であることを自覚すれば、同時に他人の弱さをも赦さねばなりません。破戒の行為の故をもって他人を糾弾してはなりません。

でも、そんな破るための「戒」であれば、「戒」なんて不必要だ。そう言わないでください。無戒よりも破戒のほうがいいのです。なぜなら「戒」は羅針盤だからです。わたしたちに、「こっちの方向に進みなさい」と教えてくれるものが羅針盤です。無戒であればわたしたちはどちらに向かえばいいか分からなくなります。たとえ羅針盤の教える方向に進むことができないときでも、羅針盤を持っているべきです。

「持戒波羅蜜」は、そういう意味です。

▼忍辱・精進・禅定

その次の「忍辱波羅蜜」は、苦しみを耐え忍ぶことです。

これについては、すでに2章で言いましたね。自殺した娘に対して、両親が苦しむことが供養になるのだ、と（三二ページ参照）。これが「忍辱波羅蜜」にほかなりません。

そもそもこの世は苦しみの世界です。釈迦は、すべてが苦である――「一切皆苦」――と言われました。それなのに、なぜ小乗仏教は、苦を克服しようとするのでしょうか。小乗仏教はまちがっています。大乗仏教は、

――苦しみを耐え忍べ！――

と教えています。それが「忍辱波羅蜜」です。

次は「精進波羅蜜」、仏道の実践に努め励むことです。

その次に第五の「禅定波羅蜜」、精神を統一することです。

しかし、この二つは、先に述べた「八正道」のうちの「正精進」と「正定」に相当します（一〇九ページ参照）。精進・努力といっても、ただ闇雲《やみくも》にがんばるのではありません。がんばってはいけないのです。のんびり・ゆったり・ほどほどに努力する。そういう中道

の努力が「精進波羅蜜」です。

わたしたちは一心不乱になることがいいことだと思っています。心を散乱させてはいけない。精神統一すべきだ。そう思っています。けれども、あまりに心を一つのことに集中させると、かえって全体が見えなくなってしまいます。むしろ心をゆったり・のんびりさせてやるほうがいいのです。それが「禅定波羅蜜」なんです。

▼人間を差別する「分別智」

最後に第六の「智慧波羅蜜」です。

じつは「ちえ」と呼ばれるものに二種あります。一つは「知恵」で、もう一つは「智慧」です。表記の違いに注意してください。

前者の「知恵」は、世間一般でいわれる知恵です。わたしたちはこの知恵を、ときには人を騙すために使います。あるいは「下種《げす》の後知恵《あとぢえ》」と言われるように、事に臨んでは何の知恵も浮かばず、過ぎたあとになってから〈ああすればよかった〉〈こうすればよかった〉と出てくる知恵です。仏教のほうではこの知恵を、

——分別智《ふんべつち》——

と呼びます。世間では分別のあることをいいこととしています。赤ん坊にようやく分別

がついてきたと喜びます。だが仏教においては、分別はよくないのです。

分別というのは、分ける必要もないものをわざわざ分けることです。一休さん（一三九四―一四八一）が子どものころ、おとなから、

「坊や、お父さんとお母さんと、どちらが大事だと思う?」

と尋ねられて、そのとき手に持っていた煎餅を二つに割って、

「おじさん、この煎餅、左と右と、どちらがおいしい?」

と言い返したそうです。煎餅を右と左に分ける必要はありません。同様に両親は両親です。どちらも大事な人です。わざわざ父と母に分ける必要はありません。その分ける必要のないものを分けて考えるのが分別智です。

ある水族館で、飼育している魚の餌に金魚を与えていました。だが、かわいい金魚が食べられるなんて残酷だ、といったクレームが来館者から寄せられます。それで館側は、金魚をやめてドジョウにしました。すると誰も文句を言いません。金魚が食べられるのは残酷、ドジョウは食べられても当然――というのが分別智です。ところが水族館にすれば、養殖金魚は安価に入手できますが、ドジョウのほうが費用がかかるのです。もっとも、その安価／高価というのも、分別智の考えなんですが……。

わたしたちは、優等生と劣等生を差別します。それが分別智の働きです。後期高等教育

は別にして、義務教育の段階では子どもに成績をつける必要はないと思います。小学五年生のときに憶える漢字を、中学二年で憶える子もいます。早いか遅いかだけの違いです。それなのに学校では成績をつけて、優等生／劣等生に差別するのです。

そんなことをするから、親は優等生を偏重し、あまり成績の良くない子を、「あなたはダメね。もっとがんばりなさい」と鞭打つようになります。子どもがかわいそうです。いや、子どもばかりではなしに、そのために親も不幸になっているのです。日本の教育は「狂育」になっています。

一九六五年一月に、中教審（中央教育審議会）が「期待される人間像」を発表しました。当時、わたしは東京大学の印度哲学科の大学院博士課程に在籍していたのですが、学科の教授たちが、「われわれ仏教者が、このような問題にもっと早くに発言しておくべきだった」と騒いでおられたのを記憶しています。そのときわたしが思ったのは、

〈馬鹿なことを言うな！　どうせ中教審は産業界が〝期待する人間像〟を押し付けようとしているのだ。仏教者は、そんな体制側の尻馬に乗ってはならない。それに、〝期待される人間像〟がつくられると、そのとき〝期待されない人間〟が出来るにきまっている。その〝期待されない人間〟の救いを考えるのが仏教者の仕事ではないか。あなたがたはおかしい〉

というものでした。仏教は、分別智によってものを考えてはならないと言っています。日本の仏教学者たちには、そのことがよく分かっていません。体制側のピエロになっている仏教学者があまりにも多いですね。

▼差別せずに尊ぶ「無分別智」

仏教が教える「智慧」は、そういう分別智ではなしに、

――無分別智――

です。〝無分別〟といった言葉は、世間一般では「思慮がない」「見さかいがない」「わきまえがない」などとマイナス・イメージの語ですが、仏教では、物事を無用な差別をせずに、あるがままに平等に捉える智慧を「無分別智」と呼んで、すばらしい智慧としています。「六波羅蜜」の「智慧波羅蜜」は、こういう「無分別智」を言っています。

ところで、〝とうとい〟という漢字には、〝尊〟と〝貴〟の二つがあります。これが、「無分別智」と「分別智」の差になるでしょう。

〝貴〟は、事物を比較して、より価値の高いほうを指す語です。金属に貴金属と卑金属があります。卑金属は、辞書(『明鏡国語辞典』)によりますと

《空気中で容易に酸化される金属の総称。鉄・銅・鉛・亜鉛・アルミニウムなど》

とありました。この卑金属の反対が貴金属です。こちらのほうは、同じ辞書によると、
《化学変化を起こしにくく、空気中で酸化しない貴重な金属。産出量が少ないので高価。金・銀・白金など》
だそうです。わたしはたんに高価／安価の差だと考えていたのですが、酸化の問題でもあったわけです。知りませんでした。
しかし、ともかく高価なものを貴ぶのが〝貴〟です。身分の高い人を〝貴人〟〝貴族〟と呼ぶのもそれです。そうすると当然に、価値の低い人を蔑むようになります。劣等生を軽視するわけです。
それに対して、そういう価値判断をせずに、あらゆるものをそのまま尊ぶのが〝尊〟です。あらゆる人間が人間として尊重されるのが〝尊〟であって、これが無分別智の考え方です。
仏の智慧は、この無分別智の智慧だと思います。仏は善人も悪人も、優等生も劣等生も、金持ちも貧乏人も、みんなそのまま差別することなく、平等に愛しておられます。そのような愛を、仏教では〝慈悲〟と呼びます。無分別智による愛が慈悲なんです。人間尊重の裏には、この仏の慈悲の精神がなければならないと思います。
松尾芭蕉《ばしょう》（一六四四―九四）の句に、

《草いろいろおのおの花の手柄かな》

があります。〝草の花〟は秋の季語です。秋の野山には、菊《きく》・桔梗《ききょう》・撫子《なでしこ》といった美しい花が咲きほこっています。しかし、そういう美事な花ばかりでなく、雑草のような花もそれぞれに趣《おもむき》をそえているのです。芭蕉はそのような光景を句にしたのです。

本当は「雑草」なんてありません。『ブリタニカ国際大百科事典』によりますと、「雑草」とは、

《もともとは利用価値がなく、田畑や庭などにはびこり、いろいろな点で人間に有害無益な一群の草をさす》

と定義されています。人間の分別智による分類です。けれどもその雑草が山野に生えていれば、野草と呼ばれます。勝手な区別ですよね。

虫を益虫／害虫と分別するのも、それと同じです。

そして、人間を善人／悪人、貴族／庶民、優等生／劣等生と分別するのも、まったく無用な差別です。それぞれの人が、それぞれの美しい花を咲かせているのです。わたしたちはそのような見方を学ばねばなりません。そのような見方をするのが、「無分別智」です。

そしてそれが「智慧波羅蜜」です。

▼六波羅蜜の実践によって得られる般若

〝波羅蜜〟という語は「彼岸に渡る」を意味します。けれども、わたしたちが彼岸に渡るためには、出家をせねばならない。だが、わたしたちは出家できない。しかし、われわれはいちいち彼岸に渡らずとも、彼岸の智慧でもって此岸の煩悩と苦しみの世界を見ればよいのです。そのことは前に述べました（一二四ページ参照）。

その「彼岸の智慧」が「智慧波羅蜜」であり、「無分別智」です。

そして、六波羅蜜の全体が、この智慧波羅蜜に統括されます。わたしたちが何のために六波羅蜜――布施・持戒・忍辱・精進・禅定・智慧――を実践するかといえば、その目的は智慧波羅蜜を得ることにあります。わたしたちが六波羅蜜を実践していれば、自然に智慧波羅蜜が得られます。そういう仕組みになっています。

ところが、こういうふうに言えば、〝智慧波羅蜜〟が二重の意味に使われていることになり、読者を混乱させそうです。そこでわたしたちは、ここに、

――般若《はんにゃ》――

といった語を導入します。これはサンスクリット語の〝プラジュニャー〟（その俗語形の〝パンニャー〟）を音訳したもので、その意味は「智慧」です。もちろん無分別の智慧

です。仏の智慧であり、彼岸の智慧です。

そうすると、われわれは六波羅蜜の実践によって般若が得られ、般若を得るために六波羅蜜を実践するのだ、ということになります。これで読者の混乱は取り除かれたと思います。

＊

以上によって、六波羅蜜が何であり、何のためにわれわれは六波羅蜜を実践するかがお分かりになったと思います。

けれども、基本的には六波羅蜜は菩薩の実践徳目であり、実践といえばある意味では修行になります。修行は努力目標ですから、その実践論を教わっただけでは、具体的に日常生活においてわれわれがどのように生きればよいかが示されていません。これまでの仏教者の欠点は、実践徳目と努力目標だけを示して、わたしたち在家の人間が日常どのように生きればよいかが示されていないことです。「苦しみをじっと耐え忍びなさい」と教わっただけでは、具体的にどうすればよいかが分かりませんよね。

それで、わたしは以下において、

——四摂法《ししょうぼう》——

をとりあげようと思います。これは〝四摂事《ししょうじ》〟ともいいます。これも菩薩の実践すべき四つのことなんですが、六波羅蜜がより日常的に解釈することができますので、これを学んでわたしたちの「生き方」のヒントにしたいと思います。

8

布施——ちょっと損をする

▼四摂法——日常生活における実践

「四摂法」（四摂事とも）は、やはり菩薩が実践すべき四つの徳目です。すなわち、

1　布施……施すこと。

2　愛語……慈愛の言葉。

3　利行……他人の利益になる行為。

4　同事……自分と他人を同一視すること。

です。これらは、何かのため（たとえば悟りを得るため）に実践すべき徳目ではなく、菩薩たる者は日常生活においてこのような実践をすべきであるとして説かれたものです。

さて、この四摂法を見てすぐに気づくことは、この四つがすべて、

――利他行――

になっていることです。他人の利益のためにする実践です。小乗仏教の出家者が、悟りという自分一人の利益を求めて修行するのに対して、大乗仏教の菩薩は利他のため実践をします。そこのところに四摂法の大きな特色があると思ってください。もっとも、自分と他人を無理に分別するのは、分別智の領域に属します。われわれが前章で「無分別智」を学んだように、自分の利益／他人の利益と区別する必要はありません。自分の利益がそのまま他人の利益になり、他人の利益がそのまま自分の利益になる。四摂法はそのような前提で説かれています。わたしたちはそのことを念頭に置きながら、四摂法を解釈することにしましょう。

*

ところで、わが国、曹洞宗の開祖の道元（一二〇〇―五三）に、『正法眼蔵』（全九十五巻）という浩瀚《こうかん》な書物があります。そしてその中の一巻に、「菩提薩埵《ぼだいさった》四摂法」とされる巻題があります。「四摂法」について解説した巻です。〝菩提薩埵〟はサンスクリット語の〝ボーディサットヴァ〟の音訳語で、「悟りを求める人」「求道者」の意味です。その省略形が〝菩薩〟です。だから「菩提薩埵四摂法」は、「菩薩のための四つの実践徳目」とい

う意味です。道元の『正法眼蔵』は難解きわまるものですが、幸いに「菩提薩埵四摂法」の巻は、わりと平易に書かれています。また、道元は、この巻で四摂法を非常にユニークな解釈をしています。普通の仏教学者にはできない解釈です。

それでわたしたちは、道元のこの解釈によって「四摂法」を学ぶことにします。それが、わたしたちが釈迦の真意に迫るいちばんよい方法だと思います。だって道元ほど、釈迦の真意を把握した仏教者はいないのですから……。

▼小乗仏教の布施に対する考え方

四摂法の第一は「布施」です。布施は六波羅蜜の最初にも置かれ、大乗仏教徒にとって重要な実践徳目です。

この布施に関して、『大智度論』には次のような物語が伝えられています。『大智度論』は、『大品般若経《だいほんはんにゃきょう》』の注釈書で、大乗仏教の重要な論書です。初期大乗仏教の理論を確立したナーガールジュナ（龍樹《りゅうじゅ》。一五〇—二五〇ごろ）の著とされていますが、これには異論があります。

釈迦の弟子中の白眉とされる舎利弗《しゃりほつ》（シャーリプトラ）は、過去世において大乗仏教の修行者でした。それで彼は、布施行を実践していました。その彼のところに一人の婆羅門

がやって来て、

「おまえの目玉をわしに施してくれ」

と要求します。そこで舎利弗は、

「わたしの目玉は、わたしの眼窩《がんか》にあって役に立っているのです。あなたに布施しても、何の役にも立ちませんよ」

と言います。すると婆羅門は、

「おまえは布施行をやるのに、いちいち文句をつけるのか⁉」

と、舎利弗を詰《なじ》ります。〈しまった！〉と思った舎利弗は、自分の眼窩から目玉を剔《えぐ》り出して相手に布施しました。

ところが婆羅門は、その目玉をくんくんと嗅いで、

「おまえの目玉は臭いなあ。こんなものは要らんわ」

と地面に投げ捨て、それを足でもって踏んづけました。

そのとき、舎利弗の心中にむらむらと怒りがこみあげてきます。

しかし、舎利弗はすぐさま自分の失敗に気づき、大乗仏教の布施行のむずかしさをつくづくと認識しました。そして、〈自分は、こんなむずかしい大乗仏教の修行はできない〉と考えて、以後、小乗仏教に転じたのです。そういう物語です。

もちろん、これはフィクションです。実際にこんな出来事があったのではありません。けれども、この話は、大乗仏教と小乗仏教の差をよくわれわれに示してくれています。

小乗仏教においても、もちろん布施が言われないわけではありません。けれども、小乗仏教における布施は、在家信者から出家者に対する布施が基本になっています。

小乗仏教において最高位に達した修行者を阿羅漢と呼びます。これはサンスクリット語の〝アルハン〟を音訳した言葉で、漢訳仏典では〝応供《おうぐ》〟と訳されることもあります。すなわち「施しを受ける資格のある聖者」といった意味です。つまり、在家信者は出家者に布施をせねばならない義務があり、その布施を受け取るライセンスを持った人が阿羅漢・応供なわけです。日本においても、僧に差し上げる金銭・品物を〝御布施〟といいますが、それはこの小乗仏教の考え方に根差しているのです。街角で僧侶の恰好をして托鉢している人を見かけますが、そのほとんどは実際の僧侶でなしに、それをアルバイト的にやっているらしい。そのアルバイト僧を、

「彼らは何の資格もないのに、僧侶の恰好をして金稼ぎをしている」

と、新聞記事で非難された臨済宗の有名な禅僧がいました。それを読んで、わたしは驚きました。釈迦の在世の時代、乞食《こつじき》をするのに何の資格も不要でした。それなのに釈迦の滅後、小乗仏教の出家たちが布施を受け取るのをライセンス制にしてしまったのです。そ

のような小乗仏教の出家に対する考え方が、現在の日本の僧侶に承け継がれています。嘆わしいことです。出家というのはホームレスであって、ホームレスになるのに何も資格や免許は要りません。その出家の本来の意味を忘れてしまったのが小乗仏教です。もっとも、日本の僧が葬祭業者であれば、ライセンスは必要かもしれませんが……。

▼三輪清浄の布施

ちょっと横道に逸《そ》れたかもしれません。本題に戻ります。

小乗仏教においては、布施は在家信者から出家者に対してする施しと解されています。前にも述べましたが、小乗仏教は、出家者による、出家者のための仏教ですから、出家者は在家信者がどのように生きるかに関心はなかった。在家信者はただただ僧侶に御布施を差し上げればよい。それが小乗仏教の考え方です。

しかし、四摂法でいう「布施」は、そういうものではありません。それは在家信者から出家者に向かってなされる「御布施」ではなく、在家のわたしたちが日常の生活の中で他者に向かってなすべき、「布施行」なんです。

わたしたちが恵まれない人に施しをするのも布施です。

けれども、布施において大事なことは、古来、

——三輪清浄の布施——

と言われています。布施を構成する三つのもの、すなわち施者の心、受者の心、施物が清浄でなければならないのです。

施者の心とは、布施する人の心構えです。〈俺はおまえに恵んでやるのだぞ。おまえは俺に感謝しろ〉と、そういう傲慢な気持ちがあったのでは、真の布施になりません。〈貰っていただいてありがとう〉と、施者に感謝の気持ちがあったとき、その施しが本当の布施になるのです。

そして、布施を受ける者の心も清浄でなければなりません。それを受けることによって、受者の心が卑屈になるようであっては、その施しは清浄ではないのです。また、その施しに対してすぐにお礼を考えるようではいけません。日本人の慣行となっている御中元・御歳暮は、たんなる社会的儀礼であって、布施ではありません。その点では、インドや中東の路上生活者のほうが毅然としています。彼らは施しを受けても、絶対にお礼を言いません。たぶん彼らは心の中で、

〈俺はおまえの施しを受けてやっているのだぞ。俺が受けてやるから、おまえは布施ができたのだ。おまえは俺に感謝しろ〉

と思っているのでしょう。そして、それこそが受者の持つべき態度だと思います。

最後に、施物も清浄でなければなりません。

わたしは昔、盗んできたものを施しても、布施にはならない。自分が正当に稼いだものを施したとき、それが清浄の布施になるのだと考えていました。だが、それじゃあ、泥棒には布施ができなくなります。泥棒だって立派な（？）職業です。この四摂法は、誰もがすべき大乗仏教徒の実践なんですから、泥棒にだって布施が可能でなければなりません。

では、施物が清浄であるということは、どういうことでしょうか？

前にも述べましたが（一二八ページ参照）、自分が持っている全財産を施したとき、それが清浄の布施になるのです。

だとすれば、われわれには真の布施ができませんよね。だからわたしたちは施しをするとき、

〈わたしには本当の布施ができません。わたしにできるのは、この程度のことです。どうも申し訳ありません〉

と、相手に詫びながら施しをさせていただく。それが清浄な心であり、そのような心によって施物が清浄になります。わたしはそう考えます。

▼布施とは不貪なり

さて、道元は「布施」についてどう考えているでしょうか？　『正法眼蔵』「菩提薩埵四摂法」の中で、彼はこう言っています。

その布施といふは不貪《ふとん》なり。不貪といふは、むさぼらざるなり。むさぼらずといふは、よのなかにいふへつらはざるなり。

――そのうち、最初の布施というのは不貪である。不貪とはむさぼらないこと。むさぼらないというのは、世間の人の言葉だとへつらわないことだ――

道元は「四摂法」に対して、独特な解釈をするのですが、そのうち「布施」に対してもユニークな解釈をします。布施とは不貪であり、不貪とはむさぼらないこと、むさぼらないことというのはへつらわないことだ、といった解釈です。

普通、わたしたちは、布施といえば人に財物を施すことだと考えます。ところが道元は、欲をださずにいるのが布施だとするのです。なんだかおかしな解釈のように思えますが、こう考えると納得できるでしょう。

昔、息子が大学生のころ、一緒に電車に乗りました。始発駅なもので、電車には空席がいっぱいあります。わたしは坐ったのですが、息子は吊革《つりかわ》につかまって立っています。

「なぜ坐らぬのか?」と訊くと、

「お父さん、この電車は三、四駅先に行くと、超満員になるんだ。だからぼくは立ってい る」

と答えました。息子は毎日通学にその電車を利用していますから、事情がよく分かっているのです。でもわたしは、それなら満員になってから席を譲ればいいのに……と思い、おかしな息子だとそのときは思いました。

ずっとあとになって、息子の言っていることが道元の考えだと分かりました。

なるほど、満員になってから座席を譲るのも布施に違いはありません。でも、そのとき、われわれに、〈面倒だなあ……〉といった気持ちが生じないともかぎりません。それから、座席を譲る相手に対して、〈ぼくはあなたに譲ってあげますよ。あなたはぼくに感謝してください〉といった考えがちらりと生じるかもしれません。しかし、はじめから坐らずに立っていれば、そんな気持ちが生じることはないのです。特定の人に譲ったわけではないのですから。

電車の中で〈坐りたい〉といった欲望は、誰にでもあるでしょう。それを貪欲・むさぼりとまではいわずとも、そのちょっとした欲望を抑えて立っている。そうすると、空席ができます。そして、その座席を必要とする人が誰でも利用できます。わざわざ譲ってもらったのであれば、譲られた人はお礼を言わねばなりませんが、空席であればお礼を言う必要はありません。だから、坐らずに立っていることが、すばらしい布施になるのです。それが、道元の言う、《布施といふは不貪なり》ではないでしょうか。

▼むさぼるな！　へつらうな！

ここしばらくは、日本の経済成長率は少し鈍化していますが、それでも経済は成長し続けています。また、世界的に見ても、経済は成長しているわけです。

ですが、経済が成長するということは、地球の資源が涸渇し、環境がどんどん破壊されるわけです。わたしたちは未来の子孫が享受すべき資源やエネルギーを先取りして、自分たちの遣りたい放題にやっています。おそらく未来人たちから、ものすごく糺弾されるに違いありません。

その最たる例が、日本の国債発行です。国債というのは、国家がする借金です。その借金が一千兆円を超えています。これはとうてい返済できるものではない。それが分かっていて、日本の与党の政治家はなおも借金を増やし続けています。これは明らかに未来の人々に対する犯罪行為です。

では、いま、われわれ庶民は何をすべきでしょうか？　何ができるでしょうか？　わたしは、現在、政権を運営している与党の政治家を全員追放する以外にないと思います。次の選挙で、与党の議員を全員落選させるのです。それ以外に方法はないと考えていますが、でもそれは政治の問題です。本書は仏教書ですから、そういう政治的な問題には口出ししないでおきます。と言いながら、結構過激な発言をしましたが……。

そこで、仏教の立場で、われわれにできること、すべきことを考えてみましょう。それは、

――少欲知足――

です。わたしたちの欲望をほんのちょっと少なくし、もうこれで十分ですといった足るを知る心を持つことです。もういいではありませんか。われわれは十分に経済発展を遂げ、快適な生活をしています。それをほんの少し我慢をし、ほんの少し快適さのレベルを下げます。それが道元の言う「むさぼらない」ことでしょう。

そして、それが世間に「へつらわないこと」です。わたしたちは権力にへつらい、会社にへつらって、欲望を充たすことばかりにきゅうきゅうとしています。過労死なんていうことが社会問題として騒がれていますが、あれはみんなが会社にへつらっているのです。社員の全員が「わたしはそんなに働きたくありません」と言えば、会社にしても社員を過

労死させるまで働かせることはできません。でも、心の中では〈それほど働きたくない〉と思っていても、自分一人で反抗できませんよね。日本人全体が権力にへつらい、企業にへつらっているから、こんな世間になったのです。

だから道元は、へつらわないことが布施だと言ったのです。

▼日常の布施

そこで、道元の教示を参考にして、わたしたちの日常生活における布施の実践を考えてみましょう。どうすれば布施が実践できるか？　わたしは、

――ちょっと損をしよう――

といった提言をしたいと思います。もちろん、大損をする必要はありません。あなたにできる範囲でいいのです。あなたがちょっと損をすることによって、他の人の利益になります。それ故、損をすることによって布施ができているのです。

電車の中で坐らずに立っているのは疲れます。しかし、あなたが立つことによって、誰かが坐れるのです。あなたは疲れるという損をしたことによって、誰かを坐らせてあげたのです。布施をしたことになります。

けれども、体力に余力のない人が、無理に立っている必要はありません。あなたができ

る範囲でいいのです。

あなたに時間の余裕のあるときは、急いでいる人に順番を譲ります。「お先にどうぞ」と道を譲る。あなたはちょっと損をしますが、そのときあなたは布施をしているのです。

若いころ、わたしは大先輩から教わりました。タクシーに乗って、運転手の態度に腹が立つことがあるでしょう。そんなとき、こちらが喧嘩腰に居丈高《いたけだか》な態度に出てはいけないと、大先輩は言います。

「そんなときは、少し高めのチップを払って、ていねいに〝ありがとう〟と言って降りたほうがよい。そうしたほうがこちらの気持ちがよくなるから」

その先輩の忠告を実践してみたことがあります。タクシーに乗って、講演先の寺院から送られて来た地図を運転手に渡しました。だが、着いた先の寺院は禅宗寺院です。わたしの行き先は浄土真宗の寺院です。地図には駅からの道順が記されていましたが、「この道順通りに来たの?」と尋ねると、運転手は違う道順で来たと答えた。わたしは腹が立ちましたが、結局、もう一度出発点に戻って、指示された道順通りに行ってもらいました。その結果、十五分ばかり遅れて先方に着きました。

でも、降車のとき、わたしはちょっとチップを加算して、「ありがとうございました」とお礼を言いました。

運転手は、いささかびっくりした顔をしました。

わたしは、ちょっと損をしたのですが、それが布施だと思います。チップを払うぐらいが、いまのわたしにできる範囲の損です。その布施によって、きっと運転手も喜んでくれたでしょう。

そして、こちらが布施することによって、こちらのほうも大きな利益を得ているのです。わたしが腹を立てて喧嘩腰になれば、わたし自身が不快になります。そのもやもやとした気持ちがずっと続いて、たぶん講演もうまくできなかったでしょう。しかし、布施することによってわたしの気分も楽になり、スムースに講演ができました。

＊

もっとも、このような布施を、わたしはいつもいつも実践しているわけではありません。たいていは、すぐに向っ腹を立て、喧嘩腰になってしまいます。でも、それでも、たまには思い出して、ほんのちょっとした損をするようにしています。

どうか読者も、あなたにできる範囲での損をしてください。

約束の時間に遅れて来た友人を、のんびりと待ってあげるのも、あなたにできるちょっとした損です。

これはあとでも述べますが、他人の失敗を笑顔で許してあげるのも、あなたにできる布施です。〈こんなときに、笑顔でいられるか⁉〉と思うでしょうが、その笑顔が布施なんです。

わたしたちは、日常生活において、いろんな形で布施の実践ができます。どうか肩を張らずに、ちょっとした損をしてください。その布施が、あなたの心を安らかにしてくれます。わたしはそう信じています。

9

愛語と笑顔の実践

「四摂法」の第二は「愛語」です。慈愛の言葉を人にかけることです。
「愛語」について、道元は次のように言います。

▼愛語の実践

愛語といふは、衆生をみるにまづ慈愛の心をおこし、顧愛《こあい》の言語をほどこすなり。おほよそ暴悪の言語なきなり。世俗には安否をとふ礼儀あり、仏道には珍重《ちんちょう》のことばあり、不審の孝行あり。慈念衆生《じねんしゅじょう》、猶如赤子《ゆうにょしゃくし》のおもひをたくはへて言語するは愛語なり。徳あるはほむべし、徳なきはあはれむべし、愛語をこのむよりは、やうやく愛語を増長《ぞうじょう》するなり。しかあれば、ひごろしられずみえざる愛語も現前するなり。現在の身命の存ぜんあひだ、このんで愛語すべし、世々生々《せぜしょうじょう》にも不退転ならん。怨敵を降伏《ごうぶく》し、君子を和睦ならしむること、愛語を根本とするなり。むかひて愛語をきくは、おもてをよろこばしめ、こゝろをたのしくす。むかはずして愛語をきくは、肝に銘じ、魂に銘ず。しるべし、愛語は愛心よりおこる、愛心は慈心を種子《しゅうじ》とせり。愛語よく廻天のちからあることを学すべきなり、たゞ能を賞するのみにあらず。

――愛語というのは、衆生に接したとき、まず慈愛の心を起こし、いたわりの言語をかけることだ。すべての暴言を慎むべきだ。世俗には安否を問う礼儀の言葉があり、仏道においても、〝珍重《ちんちょう》〟（ごきげんよう）、〝不審《ふしん》〟（お元気ですか）といった挨拶の言葉がある。『法華経』の「提婆達多品《だいばだったほん》」にある、

「衆生を慈念すること、なお赤子《しゃくし》のごとし」

といった気持ちで言葉を語るのが愛語である。徳のある者は褒めてやり、徳のない者に対しては憐れんでやるとよい。愛語を心掛けていると、次第に愛語が上達する。そうすると、普段は思い付かなかったような愛語が出てくるものだ。現世の寿命の続

くかぎり、好んで愛語せよ、そうすれば未来の世までもその功徳は続く。恨みを抱く仇敵《きゅうてき》を降伏させ、高い地位にある人と親密になれるのも、愛語がその基盤にあるからである。

顔を合わせた人から愛語を聞けば、聞いた人の表情が喜びにあふれ、心が楽しくなる。顔を合わせないときでも、愛語を聞けば、その言葉が聞く人の肝《きも》に銘じられ、魂《たましい》に染み入る。知るがよい、愛語は愛心より起こり、その愛心は慈悲の心を種子としている。愛語には世界を一変させる力のあることを学ぶべきであって、ただ相手の能力を賞讃するだけのものではないのである――

いささか長い引用になりました。道元によると、愛語とは、慈愛の心でもって発せられた言葉です。だから、日常生活における「おはよう」「お元気ですか」といった挨拶だって、それが慈愛の心をこめて発せられれば、すばらしい愛語なのです。

そして、わたしたちがこの愛語を心掛けて、日常生活の中でそれを実践していると、次第に愛語が上達する。そう道元は言います。この点が大事です。わたしたちは、愛語とは何か？　かくかくしかじかの場合に、どのような言葉をかければよいか？　そんなことばかりを考えます。そうではなしに、まず愛語を実践することです。実践していれば、次第に愛語が上達します。そして、場合場合に応じて適切な愛語がかけられるようになります。その練習もしないで、いきなり愛語のベテランになろうと思わないでください。それが道元の言いたいことであり、四摂法とはそういうものなのです。

▼母が息子に贈った愛語

道元が創建した、曹洞宗の大本山である永平寺の第六十七世貫首に北野元峰（一八四二―一九三三）がいます。彼にこんなエピソードがあります。

彼が東京で修行中、彼の母が病気になります。「母危篤」の電報で、彼は福井県の片田舎の実家に帰省しました。そして寝食を忘れて看病に専念しました。

幸いにも母の病気は快癒し、北野は再び修行に出ることになりました。彼は母に言います。

「それでは、わたしも修行の身ですから、また出かけます。もしわたしがやくざ坊主（堕落した坊主）になったら、再びこの北野家の敷居はまたぎません」

彼のそのような決意表明に、母はこう答えました。

「これ、これ、そんなこと言うものじゃない。やくざ坊主になったら、なおさら帰ってもらわねばならん」

この話は、佐藤俊明『心にのこる禅の名話』（大法輪閣）に出てきます。

この母の言葉が「愛語」なんです。佐藤俊明は、このエピソードを紹介したあと、次のようなコメントを付しています。

名僧知識になったら、天下の人が慕い、世間の人がもてはやしてくれるからさびしくもないだろうが、やくざ坊主になったら誰一人相手にしてくれる者がない。そのときこそ、この母親のもとに帰って来い。母はお前がどうなろうと、またどんなときでも、やさしく迎えてやる。大手をふって玄関から入れないなら、窓からでも入れてやるという、この一途《いちず》な母の愛の言葉に、青年元峰はいたく感動し、その後の仏道修行に骨身を削り、名僧北野元峰禅師に成長したのである。

もちろん、その母だって、息子が立派な名僧・高僧になることを願っています。けれども、息子に向かって「がんばれ、がんばれ」と励ましの言葉をかけるのが愛語ではありません。

「あなたが堕落した坊主になったとき、世間の人から爪弾《つまはじ》きされるようになったとき、そのときこそこの家《うち》に戻っておいで。お母さんはあなたを待っているからね」

それが愛語なんです。北野元峰の母は、息子にすばらしい愛語を贈ったのです。

▼「がんばれ」は残酷な言葉

わたしたちの多くが愛語を忘れてしまっているのではないでしょうか。親はわが子に、妻は夫に、夫は妻に、

「がんばれ！　がんばれ！」

を連発します。そして、この「がんばれ」といった言葉が残酷なものであることに気づいていません。

うつ病の患者に、「がんばれ！」といった言葉をかけてはいけない。精神医はそう言います。うつ病の人に「がんばれ！」と言って、その人が自殺したケースがあまりにも多いのです。病人は、〈自分はもっとがんばらねばならない〉といった強迫観念にとりつかれています。そのために病気になったとさえいえるでしょう。そのような人に「がんばれ！」というのは、その人を自殺にまで追いやることになるのです。

わたしの娘の友人に、オーストラリアからの留学生がいました。彼女の母親が日本人なもので、日本に来たのです。だが彼女はスランプにおちいり、うつ病になって帰国しました。その帰国の前に、娘にこう語ったそうです。

「どうして日本人は、すぐに〝がんばれ！　がんばれ！〟と言うの⁉　わたしがこんなにがんばっているのに、会う人ごとにわたしに向かって〝がんばってね〟と言う。わたしは最初、日本が好きだった。でも、わたしは日本人が嫌いになった」

オーストラリア人の言う通りです。日本人は「がんばれ！」以外に、人に向かって言う言葉を知らないようです。

「では、オーストラリア人であれば、どんなふうに言うの？」

娘は訊きました。すると、オーストラリアの女性は、日本語で教えてくれたそうです。

「そうね、たいていは〝のんびりとね〟〝ゆっくりとね〟と言うのよ」

〝がんばれ！〟を英語でいえば、〝Do your best!〟になりそうです。「あなたのベストを尽くしなさい」です。自分の能力の範囲内で努力すればいいのです。ところが日本語の〝がんばれ！〟には、その人の能力は問題にされていません。企業のほうから社員に向かって「がんばれ！」と言うとき、社員は自分の能力以上に、企業の期待に応えることが要求されています。とても残酷な言葉だと思います。

もしもあなたの上司があなたに、「がんばれ！」と言ったなら、その上司は労働者の敵です。人間の屑だと、軽蔑してやりましょう。

そもそも〝がんばれ〟といった言葉そのものを、われわれは日本語から追放すべきだと思います。

〝のんびりしようよ〟〝ゆったりやろうよ〟〝ほどほどにしようよ〟

そういった言葉が口から出るようにしたいですね。

▼相手を肯定する言葉が愛語

それにしても、わたしたちは〝がんばれ！〟を言い過ぎですね。

子どもが算数のテストで七十点をとりました。なかなかいい成績なのに、母親は聞きます。

「それでヨシコちゃんは何点だったの？」

「八十点」

それを聞いて母親は言います。

「あなた、だめじゃない。もっとがんばりなさい」

そこで娘が、

「でもね、お母さん、ヒデヒコくんは五十点だったよ」

と言えば、母親は、

「他人のことはどうでもよろしい。ともかくあなたは、もっとがんばらないとダメよ」

と言うでしょう。そもそも他人の点数を言い出したのは母親ではありませんか。ともかく、〝がんばれ!〟は残酷な言葉です。

では、愛語とは何か?

「お母さんは、あなたが大好きなの。あなたがどうなっても、お母さんはあなたが大好きだから」

「お父さんはおまえの味方だぞ。おまえがどうなろうと、お父さんはおまえの味方なんだから、そのことを忘れるなよ」

それが愛語です。

相手をそっくりそのまま肯定する言葉——それが愛語なんです。

相手が自分の期待通りになってほしいと、相手に変化を求める言葉——そんなものは愛語ではありません。

いま、日本人のあいだでは、愛語が少なくなっています。でも、誰もが聞きたいのが愛語です。わたしたちは仏教者として、愛語を語りたいですね。

しかし、愛語を語るのは、最初はとても気恥ずかしいですね。アメリカ人などは、三日間、夫が妻に「アイ・ラヴ・ユー」を言い忘れたら、妻から離婚訴訟を起こされてもやむを得ない——と言われています。だが日本人は、夫婦のあいだでなかなか「アイ・ラヴ・

ユー」を言えません。日本人は、〈そんなこと、言わなくたって分かるじゃないか〉と思っていますが、本当は言わないと分からないのです。でも、大丈夫。道元は、

《愛語を心掛けていると、次第に愛語が上達する》

と言っています。わたしたちは少しずつ愛語を上達させればよいのです。それが仏道修行だと思ってください。いくら名僧・高僧と呼ばれる人になっても、日常生活において愛語が喋べれない人は、そもそも仏教者失格だとわたしは思いますね。愛語を上達させて、日常生活において愛語が喋べれる人になってこそ、立派な仏教者なんです。

▼「和顔愛語」

『無量寿経』という浄土経典には、

――和顔《わげん》愛語――

といった言葉が出てきます。柔和な顔つきと愛語です。

柔和な顔つきは、笑顔になるでしょう。赤ん坊は、いつもにこにこと笑顔でいます。わたしは、あの笑顔は布施の笑顔だと思います。赤ん坊は人に施すべき財物を持っていません。だが、仏は、

「あなたにだって布施はできるのだよ。あなたはその笑顔を、人に施しなさい」

と赤ん坊に言われたに違いありません。わたしたちはその笑顔を見て、心が和《なご》むのです。そして愛語も、もちろん布施の言葉です。道元は、一五九ページに引用した部分に続けて、次のように言っています。

むかひて愛語をきくは、おもてをよろこばしめ、こゝろをたのしくす。むかはずして愛語をきくは、肝に銘じ、魂に銘ず。しるべし、愛語は愛心よりおこる、愛心は慈心を種子《しゅうじ》とせり。愛語よく廻天のちからあることを学すべきなり、たゞ能を賞するのみにあらず。

——顔を合わせた人から愛語を聞けば、聞いた人の表情が喜びにあふれ、心が楽しくなる。顔を合わせないときでも、愛語を聞けば、その言葉が聞く人の肝《きも》に銘じられ、魂《たましい》に染み入る。知るがよい、愛語は愛心より起こり、その愛心は慈悲の心を種子としている。愛語には世界を一変させる力のあることを学ぶべきであって、ただ相手の能力を賞讃するだけのものではないのである——

愛語を聞けば、わたしたちの心が楽しくなります。したがって、人の心を楽しませるための布施の言葉が愛語なんです。

ということは、『無量寿経』にいう「和顔愛語」は、

――笑顔の布施と言葉の布施――

でしょう。その二つの布施をすることが、わたしたちの日常生活において仏教者として生きる生き方になるのです。

▼笑顔の布施

〝仏頂面《ぶっちょうづら》〟といった言葉があります。無愛想な顔、不機嫌な顔をいいます。どうしてこんなところに〝仏〟が出てくるのでしょうか。いろんな語源解釈がありますが、それは別問題にしましょう。

ドイツの詩人のゲーテ（一七四九―一八三二）は、

《不機嫌は伝染する》

と言いましたが、その通りです。誰か一人が不機嫌でいると、それは周囲に伝染して、そのグループの全員が不機嫌になります。不機嫌でいるのはよくありません。仏頂面をしていてはいけないのです。やはり笑顔を浮かべないと……。

何かで読んだことがありますが、フランス人のエグゼクティブ（上級管理職）は、出勤

前に鏡を見て、笑顔の練習をするそうです。にたにた笑いはいけません。冷笑もよくない。嘲《あざ》笑い、せせら笑いもよくない。同じ笑いでも、周りを明るく笑顔。そういう笑顔を練習するのです。

それが笑顔の布施です。愛語と同じで、笑顔だって練習が必要なんです。

それに反してわれわれ日本人は、「武士は三年に片頬」と言われるように、笑うのはよくないとされています。武士たる者は笑うな！　笑っていいのは三年間に一回だけ、それも片頬だけで笑え。そんなふうに言われています。とんでもないことです。それじゃあ、四摂法の実践はできませんよ。

そういえば、わたしが大学生のとき、アメリカ人留学生から、「おまえは、どこか体が悪いのか?」と尋ねられたことがありました。「どこも悪くない」と答えると、「それじゃあ、何か心配事があるのか?」としつこく尋ねられました。「心配事なんてない」という返答を聞いて、アメリカ人はわたしを叱るのです。

「それじゃあ、そんな不機嫌な顔をするな！」

「でも、これは、ぼくの普段の顔だよ」

「その普段の顔がよくない！　おまえはもっと笑顔を浮かべるべきだ」

そのときは〈いやなアメリカ人〉と思いましたが、最近になって彼が『無量寿経』の

「和顔愛語」を教えてくれたことに気づきました。わたしたちは普段の顔でいてはいけないのです。人に対するときは、もっとにこにこと笑顔でいなければなりません。

われわれ日本人は、たいていの場合、普段の顔つきでいます。いわゆる地顔というのでしょうか。何の表情もない顔つきをしています。

だが、欧米人やインド人、中国人、アラブの人々は人前に出るときは、笑顔の表情をつくっています。もっとも、群集の中ではぶすっとした表情・いわゆる地顔になるのですが、知人に出会ったとたん、にこにことした笑顔になります。彼らは周りを明るくする笑顔の布施をしているのですね。

▼簡単でむずかしい仏道修行

わたしたちは、仏道修行と聞けば、渋面《じゅうめん》をつくって苦しい行をすることだと思います。だが、そうではありません。わたしたちが日常生活の中で、

――やさしい言葉と笑顔――

を布施するのが仏道修行なんです。それは、誰にでも、簡単にできる実践です。

ですから、隣近所の人に、「おはよう」「こんにちわ」と挨拶するのも仏道修行です。「ありがとう」とお礼を申し上げるのも、仏道修行です。

でも、商人が顧客に「ありがとう」と言うのは、たんなる営利活動です。そんなものは職業上の必要であって、仏道修行とは関係ありません。勘違いしないでください。

わたしたちは、いかなる人、すべての人に対して和顔愛語すべきです。

そして、相手をそのまま肯定しなければなりません。優等生に対してと同様に劣等生に対して和顔愛語する。金持ちに対してと同様に貧しい人に対して和顔愛語する。勤勉な人に対してと同様に怠け者に対して和顔愛語する。それができたとき、わたしたちは四摂法を実践したことになります。

だから、四摂法の実践は、簡単なようでむずかしいですね。いや、反対かもしれません。むずかしいようで簡単かもしれません。ともかく四摂法を実践してみてください。だんだんうまく実践できるようになりますよ。

10

自利と利他

▼日本もアメリカも激烈なる競争社会

日本はいま、すさまじいまでの競争社会になっています。競争社会というのは、競争に勝った者が金持ちになり、負けた者が貧乏人になる社会です。

ところで、競争というものは、なにも日本だけにあるのではありません。どこの国でも競争はあります。しかし、日本が激烈な競争社会だというのは、国民の大半がその競争に参加させられているからです。ところがヨーロッパの国々では、国民のごく一部のエリートが競争に参加し、大多数の国民は競争に参加せず、のんびり、ゆったりと暮らしています。競争に参加するエリートは、それはそれ猛烈な競争をせねばなりません。日本人がやっている競争なんかの比ではないのです。

では、なぜヨーロッパにおいて、大多数の庶民が競争に参加しないでおられるか？ それは競争に参加せずとも、ある程度の生活が保証されているからです。競争の勝者になれば大きな利益が得られるでしょうが、競争なんかせずにのんびり・ゆったりとやっていても、それほど生活に困らない。となれば、賢明な庶民はのんびり・ゆったりの生活を選びますね。そういう理由からです。

アメリカも、本来はそういう社会でした。ごく少数のエリートが激烈な競争に参加し、大多数の国民はのんびり・ゆったりと暮らしていました。ところが、一九七〇年代になって、アメリカ社会も大きく変わりました。日本と同じように、国民の過半数が競争に参加するようになったのです。競争に参加すれば、敗者は当然貧乏人になります。アメリカも日本も、非常に貧困者が多い社会になったのです。

	再配分前	再配分後
日本	二六・九％	一四・九％
アメリカ	二六・三％	一七・一％
フランス	三〇・七％	七・一％

本書は仏教書です。それなのにわたしは長々と経済的な問題を論じています。いらいらしておられる読者もおられるでしょうが、わたしがデタラメを言っているのではないことを、数字でもって証明しておきます。右の表は、二〇〇八年十月に発表されたOECD（経済協力開発機構）のレポートによる、日本・アメリカ・フランスの貧困率を比較したものです。貧困率というのは、その国の国民の所得の中央値（世帯所得をもとにその国の人々を所得順に並べて、その中央に位置する人の所得額）の半分に満たない所得の人を貧困者とし、そのような貧困者が全体に占める比率です。また、再配分前というのは、国家による課税や社会福祉がなされる前の段階の所得です。そのような福祉がなされたあとが再配分後です。この数字は、ちょっと古いのですが、二〇〇五年のものです。

お分かりになりますか。日本では収入の段階では約二十七パーセントの貧困者がいます。そしてアメリカは約二十六パーセント、フランスは約三十一パーセントで、これはそれほど大きな差ではありません。三国とも収入だけで見れば、三人に一人が貧困者です。ところが、これが福祉の行われた再配分後になると大きく変わります。貧困者は、アメリカが約十七パーセントで、ほぼ六人に一人。日本が約十五パーセントで、ほぼ七人に一人。そしてフランスが約七パーセントで、これはなんと十四人に一人です。

これは何を物語るでしょうか？　フランス人は、稼ぎの段階では三人に一人が貧困者になりますが、福祉政策の結果、貧困者が十四人に一人に激減するのです。それだと、競争に参加して所得を増大させなくても、庶民はゆったり・のんびり暮らすことができますね。だからフランス人は、あまり競争に参加しないのです。でも、日本もアメリカも、福祉政策が行われていませんから、貧困者にならないために、庶民までもが激烈な競争に参加せざるを得ないのです。この表は、そういうふうに読んでください。

▼競争原理に毒された日本人

熊に襲われて、二人の男が逃げています。

一人が言います。

「もうだめだ、熊よりも速く走るなんて無理だよ」

もう一人が言います。

「いや、きみよりも速く走ることができればいいのさ」

この小咄は、小田亮『利他学』（新潮選書）に出てくるものです。「競争」というものの本質をよく教えてくれています。二人が熊に襲われたとき、ともかくも二人で一緒に熊と闘おうという考え方もあります。しかし、熊と闘っても勝ち目はありません。それなら、二人で一緒に死のうという考えもあります。ところが、競争原理の考え方は、「きみが熊に食われろ。そのあいだに、ぼくは逃げる」というものです。日本はいま、そういう競争原理が大手を振って通用する、いやらしい競争社会になっています。

でも、昔の日本人はそうではなかった。貧しい時代の日本人は、みんな助け合って生きていたのです。それが経済発展をして、経済大国になったとたん、競争原理で生きるようになったのです。

大正中期から昭和初期にかけて——日本はまだまだ貧しい国でした——、北原白秋（一八八五—一九四二）や西條八十（一八九二—一九七〇）らが、文部省唱歌に反撥して童謡を作りはじめます。その西條八十に見出された女性詩人が金子みすゞ（一九〇三—三〇）で、彼女に「こぶとり」といった童謡があります。

正直爺《じい》さんこぶがなく、
なんだか寂《さみ》しくなりました。
意地悪爺さんこぶがふえ、
毎日わいわい泣いてます。

正直爺さんお見舞に、
わたしのこぶがついたとは、
やれやれ、ほんとにお気の毒、
も一度、一しょにまいりましょ。

山から出て来た二人づれ、
正直爺さんこぶ一つ、
意地悪爺さんこぶ一つ、
二人でにこにこ笑ってた。

ご存じの「瘤《こぶ》取り爺」をモチーフにした童謡です。踊りの上手な正直爺さんが山で鬼に会って、瘤を取ってもらいました。それを知った隣の爺さんが、わたしの瘤も取ってもらおうと、鬼の所に行きます。ところが彼は踊りが下手なもので、瘤を取ってもらうどころか正直爺さんの瘤までつけられてしまった。

そしてわれわれはこの話を聞いて、隣の爺を軽蔑します。おかしなことをするから、瘤が二つになったのだ。自業自得ではないか。そう思ってしまうのです。ところが金子みすゞは違います。彼女は、二人で鬼の所に行って、元の状態――一つずつ瘤のある状態――に戻してもらうことを考えるのです。つまり、「きみが熊に食われろ。そのあいだに俺は逃げる」ではなく、「きみとぼくと、二人で一緒に苦しもう、悲しもう」と考えます。わたしは、それが慈悲の心だと思います。本当の仏教精神です。そうした仏教精神、慈悲の心を失ってしまったわたしたちは、もう一度、それを取り戻す必要がありますよね。

▼「利行は一法なり」

さて、「四摂法」です。その第三は「利行」です。利行は、他人のためになる行為、他人に利益を与える行為です。

わたしたちは、自利と利他を峻別します。他人の利益になるようなことは、自分の利益にならない。自分にとっての損である。そう考えてしまうのです。それは競争原理に毒されているからです。

実際はそうではありません。

道元は、『正法眼蔵』「菩提薩埵四摂法」において、次のように言っています。

愚人おもはくは、利他をさきとせば、自《みずから》が利、はぶかれぬべしと。しかにはあらざるなり。利行は一法なり、あまねく自他を利するなり。

——愚かな人は思うであろう、他人を利することを先とすれば、自分の利益がなくなる、と。そうではない。利行というのは自／他を超越した絶対的な実践であって、その利行において自己も他者も利益を受けるのだ——

この《利行は一法なり》というのが、「利行」の本質です。自利と利他が二つのものではなく、一つのものだと道元は言うのです。他を利することは自分を利することになり、自分を利することは他人を利することになる。利行というものは、そういうものでなければならないのです。

▼日本社会の現実

ここで、わたしが仏教講演会において、また自著においてよく出題する、クイズ的な問題を提起します。知っている人は〈またか……〉と思われるでしょうが、「利行」を考えるときに大事なことなので、もう一度聞いてください。

問題は、

「二人に一個しかパンがありません。どうしますか?」

というものです。兄が友だちの家からケーキを一個貰って来た。家に弟がいます。どうしますか? といった問題だと思ってください。

解答の選択肢を次の三つにします。

A 半分こする。

B 一人が食べて、一人が食べない。

C 二人とも食べない。

このように出題すれば、圧倒的多数がAを選ぶでしょう。

だが、現実の日本の社会のあり方はAではありません。企業が経営不振になり、社員の半数しか雇えなくなった。すなわち二人に一人分しか仕事がない。どうするか? 企業は当然にBを選び、一人を解雇します。リストラという名目で。それが現実です。

もしAを選ぶのであれば、給料を半分にして、二人の雇用を続けるべきです。それが福祉国家の考え方です。だが日本の企業は、競争主義を採用しています。だから、給料を半分にして二人とも雇用するなんてとんでもない。優秀な社員を残し、成績の悪い社員は首切る。そういう社会になっています。

ここであらかじめ言っておきます。本書は仏教書です。だから、会社の経営の問題や、国の政治、行政の問題はどうでもいいのです。わたしはこれまで、

——ちょっと損をしなさい——

といった仏教の考え方を書いてきました。これからも書くつもりです。わたしのその仏教の考え方を曲解して、

「あなたは損をしなさい。会社が不況になってリストラをするとき、あなたは首切られるほうに回りなさい」

と言っているのだと思わないでください。そんな会社経営の問題であれば、あなたは自分の利益を大事にしてください。それは暮らし（生活）の問題です。仏教はあなたの生き方（人生）の問題を教えているのです。そこを曲解しないでください。

ただ仄聞《そくぶん》するところによると、ある会社が経営不振でリストラをせねばならず、希望退職者を募りました。ある社員はそれに応募し、退職金を貰って退職し、別の会社に再就職しました。ところがその会社は一年後に倒産し、残った社員は退職金を貰えなかった。そういうケースもあるようです。どちらが損か得か、未来のことはよく分かりませんね。得をしようと思って損をすることもあります。

▼半分こするのは布施の考え

では、仏教の考え方は何でしょうか？

二人に一個しかないパンを、二人が半分こして仲良く食べる。すなわちＡが仏教の考え方だと思われますが、じつは仏教は、むしろＣの「二人とも食べない」を正解にします。なぜでしょうか？　こういうふうに考えてください。

わが家の娘と息子が小学生の低学年のときでした。娘が友だちの家から貰って来た一個のケーキを、母親が半分こにして二人に食べさせていました。それを見てわたしは、二人に聞きました。「なぜお母さんは、〝半分こにしなさい〟と言ったのか？」と。

娘は、「弟がかわいそうだから」と答えました。

息子のほうは、「この次、ぼくが貰って来たとき、お姉ちゃんに半分あげるから」と答えました。

「それは違う」とわたしは教えたのです。

ケーキを半分ずつにするのは、「布施」の思想です。

しかし、弟がかわいそうだから恵んでやるというのは布施ではありません。そんな考えでいると、弟と喧嘩をしているようなときには、弟に半分あげることはできません。また、お返しを期待して施しをするのは、本当の布施ではありません。

「なぜ半分こにするか？　それはね、半分こにして食べたほうが、ケーキがおいしく食べられるからだよ」

わたしは子供たちにそう教えました。

それは布施の思想です。

しかし、〈俺がおまえに恵んでやるんだぞ。おまえは俺に感謝しろ〉と、そういった気持ちで半分こしたのであれば、ケーキはおいしくなりません。貰うほうも、ときには、「それならおまえが一人で食え。その代わり、こんど俺が貰って来たら、絶対におまえにはやらないからな」と言いたくなりますよね。

そうではないのです。施すほうが、

〈二人で一緒に食べたほうが、おいしくなります。どうかわたしと一緒に食べてください。〉

といった気持を持ったとき、それが布施になるのです。そして、施したほうが、

「一緒に食べてくださって、ありがとう」

と言うべきです。それが本当の布施なんです。

もっとも、半分こするとき、施したほうに、

〈ちょっと損をしたな……〉

といった気持ちが残ります。あたりまえです。それが自然な感情です。

しかし、その「ちょっと損をする」のが真の布施だと思ってください。そしてそれが利行なんです。そう思って布施と利行を実践していると、布施・利行がスムーズにできるようになります。そして喜びが湧《わ》いてくるようになります。それを信じてください。

▼所有権の放棄

さて、先程、仏教はCの「二人とも食べない」を正解とすると言いましたが、それはこういうことです。二人とも食べないということは、その一個のパンを捨ててしまうのではありません。

わたしの幼時——といっても、もう七十年以上も昔のことですが——、われわれは外で貰った物をすべて仏壇にお供えしました。会社員は給料を仏壇に供えるのです。そうすると、それはほとけさまのものになります。たぶん、どこの家でもそうしていただろうと思います。

したがって、お兄ちゃんがケーキを貰って来たら、彼はそれを仏壇に供えます。

そうすると、そのケーキはほとけさまのものになります。兄の所有権はなくなります。

そして兄弟は、そのケーキをほとけさまからいただくのです。

いったん所有権を放棄することは、兄が弟に半分やって、二人が一緒に食べるのではない、しに、二人とも食べないことになります。そのあとで、ほとけさまからいただくのです。だからCなんです。

兄が弟にやるのであれば、弟は兄にお礼を言わねばなりません。しかし、ほとけさまのものをいただくのであれば、二人がそろってほとけさまにお礼を言うことになります。これが本当の布施だと思います。

その背後には、すべてのものは仏のものだ、といった考えがあります。父親が給料を仏壇に供えるのも、自分が稼いだ金だといった意識を捨てて、生活費はすべて仏からいただいたものだと認識するための行為なのです。そうすることによって、わたしたちは、

——仏に生かされている——

といった気持ちになり、仏に感謝する生活ができるのです。

一個のパンの半分を人に与える。なるほどそれは利他行です。他人の利益のためにする行為です。けれども、同時にその行為によって、仏への感謝の気持ちが涵養され、ゆったりとした毎日の生活ができるようになります。そういう自利が得られるのです。道元が《利法は一法なり》と言ったのは、そのような意味だと思います。

11

星に向かって歩む

▼わたしも他人も同じ人間

「四摂法」の最後は「同事」です。自分と他人を同一視することです。

道元はこれを、

　同事といふは、不違なり。自にも不違なり、他にも不違なり。……同事をしるとき、自他一如なり。

——同事というのは「不違」である。自分を他人と違った存在と考えず、他人を自分と違った存在と考えないことだ。……この同事が理解できれば、「自他一如」「自他不二」であることが分かる――

と言っています。

自分と他人は違った人間ではありません。隣の人とまったく同じ人間なんです。前にも言いましたが、人間はみんな、弱くて、愚かで、不完全です。そのことを聖徳太子（五七四―六二二）は、

我《われ》必ずしも聖《ひじり》に非《あら》ず、彼必ずしも愚《おろか》に非ず。共にこれ凡夫のみ。（『憲法十七条』）

――自分が必ずしも賢いわけではなく、彼が必ずしも愚かであるわけではない。お互いに凡夫なのだ――

と言っています。われわれはみんな普通の人なのです。

ところがわれわれは新聞・テレビの報道に接しても、あるいは小説などを読んでいても、他人の行為・小説の登場人物の行為に対して、

〈わたしであれば、あのようなことはしないのに、どうしてあの人はあんなことをするのだろう……?〉と思ってしまいます。その〈わたしは違う〉と思うことが、同事、不違が分かっていないのです。

あの人があのようなことをするのは、それはその人の因縁がそうさせるのです。わたしがそれと同じことをしないでおれるのも、わたしの因縁がそうしないですむようにさせてくれているのです。ちょっとでも因縁が違えば、わたしがそのようなとんでもないことをしたかもしれません。それなのに、自分が立派な人間だから、あのような愚行をしないのだと考えてしまいます。とんでもない思い上がりですよ。

同事というのは、わたしも他人も同じ人間なんだ。同じように弱い人間であり、愚かであり、まちがったことばかりしている。一見、わたしと他人がちょっと違っているように思えるところもあるが、それは因縁の違いによるものであって、本質的に違うものではない——。そのように自覚することです。そして、他人に対してあたたかい目をそそぐ。そのような他人への共感を持つのが、仏教者としてのあり方だと思います。

▼「人を裁くな！」

〈わたしなら、あんなことはしない〉と思うのは、じつはわたしが他人を裁いていることなんです。キリスト教の『新約聖書』には、

《「人を裁くな。あなたがたも裁かれないようにするためである」》（「ルカによる福音書」7）

といったイエスの言葉がありますが、わたしたちは知らず知らずのうちに人を裁いているのです。

芸能人が浮気・不倫をして、マスコミのバッシング（非難・攻撃）を受けているのを見て、〈けしからん〉と思うのは、〈自分であれば、あんなことはしない〉と思うからです。しかしね、あなたが同じような環境に置かれると、そうです、何億の年収があり、どこへ行っても有名人扱いされると、あなただって浮気・不倫をするかもしれません。あなたが浮気・不倫をしないのは、あなたが貧乏だからです。それ故、あなたが浮気・不倫をしないのではなく、したくてもできないからです。そう言いたくなります。

それ故、イエスが言うように、わたしたちは人を裁いてはなりません。

じゃあ、裁判官はどうなのだ⁉　裁判官も人を裁いてはならぬと言うのか⁉　それに裁

判員制度だってある。仏教徒は裁判員になってはならぬと言うのか!? そういった詰問がなされるかもしれません。

しかし、よく考えてください。現在の日本で、裁判所において行われる裁判は、ただ裁判官だけが裁くのではありません。裁判官のほかに、被告の罪を告発する検察官がいます。そして被告の罪を弁護する弁護人がいます。裁判官は、検察官と弁護人の陳述をよく聞いて、そのうえで判決を下します。そういう制度になっています。

ところが、わたしたちが日常的に、たんにマスコミの報道だけでもって、

「あの人は悪い人だ！」

と人を裁くのは、弁護士不在です。裁かれる人の弁護を聞かず、自分が検察官と裁判官の両役を兼ねて、勝手に人を断罪しているのです。

おかしいと思いませんか。誰があなたに、彼を裁いてくれと依頼しましたか。あなたは裁かれる本人からの依頼を受けていません。あなたが自分勝手に人を裁いているのです。

それが人を裁くことです。

そのような、人を裁くことをやめなさい——と、わたしは言っているのです。

裁判官・裁判員が、裁判所において正式に被告を裁くことを言っているのではありません。あまり揚げ足を取らないでください。

▼温和に人に接す

ではどうすればよいのでしょうか？　日常生活において具体的に同事を実践するには、どうすべきか？

道元は、

たゞまさに、やはらかなる容顔をもて一切にむかふべし

——ただ、まさしく温和な面持《おもも》ちでもってすべての人に接するがよい——

と言っています。

わたしたちが日常接する人は、みんな同じ人間です。金持ち／貧乏人、善人／悪人、優等生／劣等生、努力家／怠け者……と、現在の瞬間にあってのあり方は少しずつ違っていますが、それは変化の相であって、みんないろんな相をとるのです。だからどんな人に対してもあたたかく接すべきです。道元はそう言うのです。

9章で北野元峰の話を紹介しました（一六二ページ参照）。佐藤俊明の著によると、彼

は頼まれて東北の刑務所で囚人相手に法話をしました。しかし彼は、合掌して囚人を拝んだのち、

「お前さんたちはみな仏さまじゃ。仏さまじゃから私は合掌して拝して拝むのだ。仏さまというものはこういう所へ来るものではない。ただ因縁が悪うござんしたなア。因縁が悪うてこういう所で苦労なさる。お気の毒じゃ。お気の毒じゃ」

と言って落涙し、あとの言葉も出ないまま降壇したそうです。

囚人たちはみな下を向いて泣きます。どんな立派な法話よりも感動したそうです。

これが道元の、《やはらかなる容顔をもて一切にむかふ》態度だと思います。道徳的な説法をしても、誰も感動しません。〈また坊主の説教か〉と思うだけです。愛語こそが人を感動させるのです。その愛語は、わたしもあなたも、ともに弱い人間だともう「同事」の認識を背景にして出てくるのです。上から目線で人に対していたのでは、愛語は出てきませんよ。

▼われわれは仏になれない

『法華経』の「常不軽菩薩品《じょうふきょうぼさつほん》」には、常不軽菩薩がやった「礼拝行」が説かれています。常不軽菩薩は、釈迦の過去世における姿です。過去世において、釈迦は〝常不軽〟、つまり「どんな人をも常に軽んじない」という名の菩薩になって修行しておられました。もちろん、これはフィクションです。

修行といっても、ただ彼は、出会う人があれば、

「われ深く汝等《なんだち》を敬う。敢《あ》えて軽《かろし》め慢《あなど》らず。所以《ゆえ》は何《いか》ん。汝等は皆菩薩の道《どう》を行じて、当に仏と作《な》ることを得べければなり」

――「わたしはあなたがたを尊敬します。決して軽んじたり、見下げるようなことはしません。なぜかといえば、あなたがたは菩薩の道を歩み、いずれ仏になられる人だからです」――

と言って、相手を拝みます。そういう礼拝行を常不軽菩薩は実践したのです。そして、

その礼拝行の功徳によって、常不軽菩薩はのちに悟りを開いて釈迦仏となることができた。『法華経』はそう語っています。

「あなたがたは、いずれ仏になられる人」――というのが同事です。いま、あなたは乱暴な人かもしれません。怠け者かもしれない。劣等生であり、囚人であるかもしれません。しかし、どんな人でも、遠い将来においては仏になるのです。そう認識するのが同事です。だが、そこで、こんなふうに思われるかもしれません。なるほど、いずれ未来においてはみんな仏になる。それは分かる。しかし、いま現在、仏に相当近づいている人もいれば、まだまだ仏に遠い人もいるだろう。その差はどうなるのだ？　と。

つまり、九十八点の人と、八十点、六十点、三十点、五点……といった差を問題にしているのです。そして、九十八点の人を尊敬し、五点の人を軽蔑します。

そうすると、「同事」ということが言えなくなりますね。

だが、そうではないのです。『法華経』を読んで、多くの人が誤解をするのはこの点です。

ほとんどの人が、われわれは仏を目標に歩む。そして、いずれ仏というゴールに到達できる。そんなふうに考えます。たしかに『法華経』は、われわれも仏になることができると言っていますが、いつ仏になれるかといえば、何兆年を何兆倍もしたほどの遠い遠い将来です。無限といってもよいほどの時間、仏に向かって歩んだ結果、われわれは仏になれるのです。

そうすると、有限の時間においては、われわれは仏になれないのです。そしてわれわれは有限の時間の中にいますから、そこにおいては、

――仏になれない――

と言うのが結論になります。読者をちょっとがっかりさせる結論ですが、そうなりますよね。

▼「一歩前進・二歩後退」

そこで、わたしはこう考えます。

――仏とは、夜空にかがやく星のようなものだ――

多くの人は仏を地上にある目標地点と考えます。地上にあるのであれば、やがてわれわれはそのゴールに到達できるでしょう。そして、ゴールに到達するのが早い人もいれば、遅い人もいます。九十八点、八十点、三十点、五点といった差が生じます。

だが、仏が天空の星であれば、誰も星に到達できません。その意味で同事です。

到達できないのであれば、星なんて不要だ――。そう言わないでください。わたしたち

の進むべき方向が分からないと、わたしたちは歩むことができないのです。「六波羅蜜」の布施・持戒・忍辱・精進・禅定・智慧は、われわれの進むべき方向を教えてくれます。もちろん、わたしたちはそれらを完全に実践できません。でも、方向さえ分かれば、それでいいのです。

「四摂法」の布施・愛語・利行・同事も、われわれがその方向に向かって歩んで行く方向を教えてくれています。それは夜空の星のようなものですから、わたしたちはそこに到達することは不可能です。でも、それでいいのです。〈四摂法が実践できるといいなあ……〉と思って、日常生活の中でほんの少し実践できればそれでよいのです。

夜空に輝く星は、いわば羅針盤のようなものです。羅針盤は、船の進むべき方向を教えてくれます。

しかし、羅針盤が北を示しているからといって、船が北に向かって進めるとはかぎりません。北に大きな氷山があれば、船は東に曲がり、西に曲がり、場合によっては南に後退するよりほかない。それでも、わたしたちには羅針盤が必要です。

わたしはしばしば、仏道修行——仏道の実践——は、「一歩前進、二歩後退」でよいと書きます。そうすると出版社の校正者は、「一歩後退、二歩前進」に訂正をしてきます。「一歩前進、二歩後退」だと、結局は後退したことになるからです。

でも、後退したっていいのです。わたしたちが目指しているのは星ですよ。星に向かって一歩や二歩後退したところで、どうってことはありません。大事なことは、ときどき思い出して、ちょっと六波羅蜜や四摂法を実践してみてください。それが仏教者の生き方です。わたしはそのように考えています。

12

われら仏の子

▼仏に甘える

『法華経』の「譬喩品」には、

　今、この三界は　皆、これ、わが有なり。その中の衆生は　悉《ことごと》くこれ吾《わ》が子なり。

といった釈迦仏の言葉があります。

釈迦仏というのは、歴史上に実在した、仏教の開祖である釈迦ではありません。『法華経』は、釈迦仏を、

——久遠実成《くおんじつじょう》の仏——

と見ています。それは、久遠・永遠の過去に仏となり、永久に仏であり続ける存在です。ちょっとキリスト教のゴッドに似ていますが、ゴッドと違うところは、その久遠実成の仏がわたしたちに宇宙の真理を教えるべく、肉体を持った人間となり、いまから二千五百年の昔にインドに出現されたと考えるところです。したがって釈迦は歴史的人物であり、釈迦仏は時間を超えた久遠実成の仏です。そして、歴史的人物としての釈迦の教えを信奉するのが小乗仏教であり、大乗仏教は釈迦仏を久遠実成の仏として信奉します。

その釈迦仏が、この三界はわたしの所有に属する、そしてその中のいっさいの衆生は、みなわが子だ、そう言われたのです。〝三界〟というのは、さまざまな衆生が生きている全世界です。

いいですか、わたしたちはみんな釈迦仏の世界の中で、釈迦仏の子どもとして生きているのです。『法華経』は、釈迦仏は、

世間の父なり。

と言っています。あなたもわたしも、みんな釈迦仏という父親の息子なんです。

ならば、大いに甘えようではありませんか。それがわたしの提言です。

ところが、最近の日本人は、この仏に甘えることをしなくなりました。「みんなわたしの子どもなんだよ」と釈迦仏が言ってくださっているのに、ほとんどの人が「いい子」「優等生」になろうとします。きっと優等生になったほうが、より多く仏の寵愛をいただけると思っているからでしょう。

でも、それは違います。

仏は、人間というものは、弱くて、愚かで、不完全な存在なんだということをよく知っておられます。

だから、わたしたちが失敗しても、仏はわたしたちを叱られません。失敗して悄気《しょげ》返っている者に、

〈そんなに気を落とさなくていいんだよ。またこの次、わたしの教えの実践をすればいいんだよ〉

と、やさしく慰めてくださるでしょう。むしろ失敗した者に対してのほうが、仏はやさしいと思います。

宗教というものは、本来、そういうものだと思います。「立派な人間になれ!」と、仏教が教えていると思うのは、本当に仏教が分かっていないからです。弱くて、愚かで、不

完全な人間が、それでもちょっと仏のまねをして、仏に向かって歩もうとするところに、仏教の本来の意味があります。

優等生になる必要はありません。わたしたちは仏に甘えればいいのです。わたしはそんなふうに考えています。

▼宮沢賢治と堀口大学

童話作家であり、『法華経』を信奉した宮沢賢治（一八九六―一九三三）に、有名な、《雨ニモマケズ　風ニモマケズ》の詩があります。この詩は、賢治の死後、彼の遺品のトランクの中から発見されたものです。ちょっと長いのですが、全文を紹介します。

雨ニモマケズ
風ニモマケズ
雪ニモ夏ノ暑サニモマケヌ
丈夫ナカラダヲモチ
慾ハナク

決シテ瞋ラズ
イツモシヅカニワラッテヰル
一日ニ玄米四合ト
味噌ト少シノ野菜ヲタベ
アラユルコトヲ
ジブンヲカンジョウニ入レズニ
ヨクミキキシワカリ
ソシテワスレズ
野原ノ松ノ林ノ蔭ノ
小サナ萓ブキノ小屋ニヰテ
東ニ病気ノコドモアレバ
行ッテ看病シテヤリ
西ニツカレタ母アレバ
行ッテソノ稲ノ束ヲ負ヒ
南ニ死ニサウナ人アレバ
行ッテコハガラナクテモイヽトイヒ

北ニケンクヮヤソショウガアレバ
ツマラナイカラヤメロトイヒ
ヒド（デ）リノトキハナミダヲナガシ
サムサノナツハオロオロアルキ
ミンナニデクノボートヨバレ
ホメラレモセズ
クニモサレズ
サウイフモノニ
ワタシハナリタイ

賢治は、《サウイフモノニ　ワタシハナリタイ》と結んでいますが、彼がここでモデルにしたのは、『法華経』に出て来る常不軽菩薩です。常不軽菩薩ついては、われわれは前章で学びましたね（一九六ページ参照）。

あのまじめ人間の賢治がこのように言うのはよく分かりますが、それにしても彼はいささか優等生的でありすぎます。もっと仏に甘えていいと、わたしは思うのですが……。だからわたしは、あまり賢治が好きになれません。とくにこの詩は好きになれないのです。

それよりは、詩作とともにフランス文学の訳業により、大正中期から昭和初期の日本の文壇に新風を吹き込んだ、堀口大学（一八九二―一九八一）の次の詩のほうが好きです。

雨の日は雨を愛さう。
風の日は風を好まう。
晴れた日は散歩をしよう。
貧しくば心に富まう。

賢治が、雨と闘い、風と闘って生きようとするのに対して、大学は、雨や風に親しみながら生きようとしています。大学は、現実をあるがままに受け容れているのです。わたしの言っている、

「南無そのまんま・そのまんま」

の生き方ですね。わたしは、大学のほうが仏教的だと思います。どうも賢治は優等生的です。もっとも、賢治のような仏教理解もあり得るとは思いますが、好き／嫌いで言えば、わたしは宮沢賢治よりも堀口大学のほうが好きです。大学のほうが、仏に甘えていると思います。

▼仏と一緒に生きる

わたしたちは「仏子」です。仏の家に生まれた子どもです。だから、仏に甘えていいのです。

ある妙好人にこんな話があります。妙好人というのは、他力の信心を得た、すぐれた念仏者をいいます。

夏の暑い日、彼はお寺の本堂で、ごろりと横になって昼寝をしていました。すると仲間の一人がやって来て、彼に忠告をします。

「お寺の本堂で、しかも阿弥陀さんに尻を向けて寝るとは、けしからんではないか」

すると、彼は言い返しました。

「ここは親の家《うち》じゃ。なにも遠慮することはない。そう言うおまえは、きっと継子《ままこ》であろう」

これは、「勝負あった！」ですね。

親の家で生きているのに、なにも親に遠慮・気兼ねをする必要はありません。もっと甘えに甘えて生きていいのです。

ただ、勘違いしないでください。たとえば大企業の社長の家柄に生まれた子どもの全員が、将来、社長になれるわけではありません。後継者になれるのは、子どものうちの一人だけです。それも諸般の事情により、社長になれない場合もあります。それと同じで、仏の家に生まれたわれわれ全員が、将来、仏になれるわけではありません。いや、仏は夜空に輝く星のような存在ですから、われわれは絶対に仏になれないのです。仏になれるとしても、何兆年を何兆倍もした、遠い遠い未来のことです。

でも、わたしたちは仏の家柄に生まれた子どもです。「仏子」です。そのことの自覚だけは忘れないでください。

仏子の自覚を持って、仏子らしく生きましょうよ。

大勢の人々が、競争社会において、競争の勝者になろうとして、あくせく・いらいら・がつがつと生きています。でも、あなたは仏子なんですから、そういう生き方はしないでください。

――のんびり・ゆったり・ほどほどに――

をモットーに生きてください。それが、仏の子らしい生き方です。

あなたが、ほんのちょっと損をできるときには、あえて損をしてください。なにも大損をする必要はありません。競争社会の中では、みんなが〈損をしたくない。得をしたい〉と、がつがつと生きています。そんな社会の中で、あなたはほんのちょっとした損をすることによって、心の豊かさが得られます。そして、のんびり・ゆったり・ほどほどに、楽しく生きることができます。

ときにあなたは、不幸に見舞われることがあります。仏子だからといって、災難に遭わないわけではありません。災難に遭うのは偶然です。そして、災難に遭ったときは、一生懸命苦しめばいいのです。

苦しみから逃れようとすれば、よけい苦しくなります。苦しみから逃れようとせず、苦しまねばならぬ状況になったときは、しっかりと苦しめばいいのです。それが苦しみに対処する仏子のやり方です。

そして、仏は、あなたと一緒に苦しんでくださっています。それを信じてください。

ドイツ語に〝ミットライデン〟といった語があります。普通は「同情する」と訳される語ですが、〝ライデン〟は「苦しむ」といった意味で、〝ミットライデン〟は「ともに苦しむ」というのが原義です。わが子が苦しんでいるときに、父親である仏が一緒に苦しんでくださっている。わたしたちはそう信じましょう。

反対に、わが子が喜んでいるときには、仏も一緒に喜んでくださっています。そう信じられるのが仏子です。

どうか優等生になろうとしないでください。優等生は、わたしのこれまでの経験からすれば、どうも他人に対して狭量です。すぐに他人を裁いてしまいます。

無理に優等生になろうとしなくていい。

無理に立派な人になろうとしなくていいのです。

あなたはあなたのまんまでいい。

そして、のんびり・ゆったり・ほどほどに楽しい人生を生きてください。仏教はそういう教えを説いています。わたしはそのように考えます。

［著者略歴］

ひろ さちや

1936年、大阪市に生まれる。東京大学文学部印度哲学科卒業。同大学院人文科学研究科印度哲学専攻博士課程中退。

気象大学校教授を経て、現在、仏教・インド思想の研究、執筆等に幅広く活躍。仏教を、一般の人々に平易な言葉で伝えている。主な著書に『仏教の歴史』（全10巻）『仏教　はじめの一歩』『人間の生き方を道元に学ぶ』『因果にこだわるな』『釈迦』『仏陀』『面白いほどよくわかる世界の宗教／宗教の世界』『親鸞』『法然』『道元』『仏教の釈迦・キリスト教のイエス』『大乗仏教の真実』『生活のなかの神道』（以上、春秋社）、『自分らしく生きるための禅』（中経出版）、『日本仏教史』（河出書房新社）、『〈法華経〉の真実』（佼成出版社）、『「孤独」のすすめ』（SBクリエイティヴ）、『気にしない　気にしない』（PHP研究所）など600冊を超える。

ひろさちやのいきいき人生1
釈迦にまなぶ

二〇一七年九月二〇日　第一刷発行

著　者　ひろ　さちや
発行者　澤畑吉和
発行所　株式会社春秋社
東京都千代田区外神田二-一八-六（〒一〇一-〇〇二一）
電話　〇三-三二五五-九六一一（営業）
〇三-三二五五-九六一四（編集）
振替　〇〇一八〇-六-二四八六一
http://www.shunjusha.co.jp/

装　幀　伊藤滋章
印刷所　信毎書籍印刷株式会社
製本所　根本製本株式会社

定価はカバー等に表示してあります

 ISBN978-4-393-13411-5